URSULA BRUMM
PURITANISMUS UND LITERATUR
IN AMERIKA

ERTRÄGE DER FORSCHUNG

Band 20

URSULA BRUMM

PURITANISMUS UND LITERATUR
IN AMERIKA

1973

WISSENSCHAFTLICHE BUCHGESELLSCHAFT

DARMSTADT

Bestellnummer: 6142
Schrift: Linotype Garamond, 9/11

© 1973 by Wissenschaftliche Buchgesellschaft, Darmstadt
Satz: Maschinensetzerei Janß, Pfungstadt
Druck und Einband: Wissenschaftliche Buchgesellschaft, Darmstadt
Printed in Germany

ISBN 3-534-06142-X

INHALT

Verzeichnis der Abkürzungen VII

Vorbemerkungen IX

I. Voraussetzungen 1

II. Geschichte der amerikanischen Puritanismusforschung 4

III. Allgemeine Hilfsmittel der Forschung 18

IV. Die Literatur der amerikanischen Puritaner, 1620 bis 1760 25
   1. Studien zur Literatur- und Kulturgeschichte . . 25
   2. Historische Literatur: Geschichtsschreibung, Tagebücher, Gesellschaftsordnung 30
   3. Mensch und Gott: die religiöse Literatur . . . 43
   4. Die Mathers 67
   5. Die Dichtung 74
   6. Jonathan Edwards 87

V. Ausklänge und Übergänge 95

Sachregister 101

Namenregister 103

VERZEICHNIS DER ABKÜRZUNGEN

AHR	American Historical Review
AL	American Literature
AN&Q	American Notes and Queries
AQ	American Quarterly
AS	American Speech
Atl.	Atlantic Monthly
BPLQ	The Boston Public Library Quarterly
CE	College English
CH	Church History
CMHS	Collections of the Massachusetts Historical Society
DAB	Dictionary of American Biography
EAL(N)	Early American Literature (Newsletter)
EIHC	Essex Institute Historical Collections
ELH	Journal of English Literary History
Expl.	Explicator
Hist.T.	History and Theory
HTR	Harvard Theological Review
HZ	Historische Zeitschrift
JA	Jahrbuch für Amerikastudien
JHI	Journal of the History of Ideas
JR	Journal of Religion
KR	Kenyon Review
MLR	Modern Language Review
MVHR	Mississippi Valley Historical Review
NEQ	New England Quarterly
PAAS	Proceedings of the American Antiquarian Society
PAPS	Publications of the American Philosophical Society
PCHS	Publications of the Cambridge Historical Society
PCSM	Publications (Transactions) of the Colonial Society of Massachusetts
PMASAL	Papers of the Michigan Academy of Science, Arts and Letters

PMHS	Proceedings of the Massachusetts Historical Society
PMLA	Publications of the Modern Language Association of America
QJS	Quarterly Journal of Speech
SA	Studi Americani
SB	Studies in Bibliography
SR	Sewanee Review
TUSAS	Twayne's United States Authors Series
WMQ	William and Mary Quarterly (third series)

VORBEMERKUNGEN

Wenn hier ein Forschungsbericht über die amerikanischen Puritaner und ihre Literatur vorgelegt wird, so geschieht das in dem Bewußtsein, daß diese Aufgabe viele Entscheidungen und manche Kompromisse verlangt. Es wurde versucht, einen Überblick über wichtige Autoren und Probleme und die zu diesen geleistete wesentliche und noch gültige Forschung zu geben. Nur in diesem Sinne wurde Vollständigkeit angestrebt.

Als Auseinandersetzung des Menschen mit seiner Welt und mit Gott erstreckt sich die Literatur der amerikanischen Puritaner auf die Gebiete der Geschichte, Staatskunde, Theologie sowie der Literatur im engeren Sinne des Wortes. Forschung über die Literatur der Puritaner findet daher in allen diesen Disziplinen statt; sie wurde im folgenden dann miteingeschlossen, wenn sie sich im wesentlichen auf schriftliche Zeugnisse stützt oder auf irgendeine Weise zum Verständnis der Puritaner und ihrer Literatur beiträgt. Selbstverständlich konnte nicht die gesamte Forschung zur frühen Geschichte, Theologie oder der wirtschaftlichen Entwicklung Neuenglands berücksichtigt werden.

Auswahl war auch in anderer Beziehung notwendig. Während für bedeutsame Werke die Editionen oder für einzelne Autoren Gesamtausgaben und wichtige Editionen genannt werden, konnten schon aus Raumgründen nicht immer die verstreuten Veröffentlichungen einzelner Werke vollständig genannt werden. Diese Ausgaben sind leicht in DAB oder in anderen in Kapitel III aufgeführten Nachschlagewerken sowie in den zu einzelnen Autoren genannten Arbeiten zu finden.

Es wurde in diesem Bericht versucht, sowohl den Neuling einzuführen wie auch dem schon Eingeweihten nützlich zu sein und Möglichkeiten zu weiteren Fragestellungen anzuzeigen.

Dabei erschien es unumgänglich, einführend etwas über die Geschichte der Puritanerforschung in Amerika, d. h. über das Verhältnis der Amerikaner zu ihren puritanischen Vorfahren zu sagen. Die hier besprochene Forschung ist Teil einer großen und weiterlaufenden Auseinandersetzung und erhält aus diesem Bezug Inspiration und Aktualität.

Das Nachprüfen der Literaturangaben, die Korrektur und die Erstellung der Register hat Frau Erdmute Hilf-Struck mit außerordentlicher Umsicht besorgt. Frau Ursula Möbius hat das Manuskript mit großer Sorgfalt geschrieben, und Frau Inge-Maria Ermert hat bei Überprüfung und Fertigstellung, wie stets, unschätzbare Hilfe geleistet. Allen sage ich meinen herzlichen Dank.

Ursula Brumm

I. VORAUSSETZUNGEN

Bestimmte Epochen der eigenen Geschichte haben eine besondere Faszination für die Amerikaner; sie sind daher immer wieder Gegenstand der allgemeinen und der wissenschaftlichen Diskussion gewesen. Ihre Bedeutung liegt darin, daß in ihnen Probleme zum Tragen kommen, die für die Geschicke der Nation, oder für ihre Ideale so wichtig sind, daß die Auseinandersetzung mit ihnen unausweichlich ist. Solche Geschichtsabschnitte sind die Unabhängigkeitsbewegung, der Bürgerkrieg und, auf besondere Weise, der amerikanische Puritanismus.

Hier ergibt sich sogleich ein Problem der Definition: was verstehen wir unter „Puritanismus"? Im spezifischen Sinne: den von den frühen Einwanderern nach Neuengland mitgebrachten zeremonienfeindlichen protestantischen Glauben calvinistischer Prägung. Im ausgeweiteten Sinne aber ist Puritanismus eben jener Problemkomplex der frühen Zeit, der Anlaß zu langwierigen und engagierten Diskussionen war und ist: Indem der Glaube der Einwanderer in starkem Maße ihr Denken und Handeln prägte, ist „Puritanismus" zum Kennwort geworden für die koloniale Zeit Neuenglands mit seinen kirchlichen, staatlichen und kulturellen Ordnungen. Die Auseinandersetzungen, Krisen und Kalamitäten dieser Zeit gehören ebenso dazu wie die zahlreichen schriftlichen Äußerungen der Neuengländer in dieser Zeit.

Es gehört zu den charakteristischen Eigenschaften dieser puritanischen Einwanderer und ihrer Nachkommen, daß sie ihre sehr dezidierten Auffassungen über die Welt, den Menschen und Gott gern und häufig zu Gehör und auch zu Papier brachten. Der amerikanische Puritanismus ist damit eine für eine koloniale Frühzeit außerordentlich gut mit schriftlichen Zeugnissen belegte Epoche. Die amerikanischen Puritaner betreiben dem englischen

Mutterland gegenüber eine rege Propaganda, und sie legten sich selber und anderen immer wieder Rechenschaft über ihr Tun und ihren Glauben ab. Wir haben von ihnen Geschichts- und Erlebnisberichte, Abhandlungen, Predigten, Tagebücher und Gedichte. Ihre Literatur, in der das Drama und die Prosadichtung fehlen, umfaßt Geschichte, Staatstheorie, Theologie, Lyrik und die „persönliche" Literatur der individuellen Introspektion. Sie ist also Literatur im weitesten Sinne des Begriffs; an ihr sind neben der Literaturwissenschaft die Geschichts-, Sozial- und Religionswissenschaft beteiligt. Indem der Puritanismus im Schnittpunkt aller dieser Wissenschaften steht, ist er auch ein ideales Forschungsgebiet für die "American Studies", die sich um die Integrierung mehrerer Disziplinen bemühen, um auf diese Weise komplexe Phänomene der amerikanischen Entwicklung zu untersuchen.

Perry Miller hat den Puritanismus so definiert:

Puritanism may perhaps best be described as that point of view, that philosophy of life, that code of values, which was carried to New England by the first settlers in the early seventeenth century. Beginning thus, it has become one of the continuous factors in American life and American thought.[1]

Der Puritanismus ist damit ein bedeutendes Problem der amerikanischen Geistesgeschichte, und zwar in doppelter Beziehung. Denn indem der Forschungsgegenstand Phänomene der geistigen, weltanschaulichen und politischen Entwicklung Amerikas betrifft, hat seine Behandlung teil an der Entwicklung, dem die ihn Erforschenden in ihrer Zeit unterliegen. Das gilt für den Puritanismus in besonderem Maße, denn einige seiner Über-

---

[1] Perry Miller and Thomas H. Johnson, *The Puritans*, 2 vols. (New York, 1963) 1. Das Problem der Definition und der Abgrenzung des Puritanismus hat die Forscher immer wieder beschäftigt. Vgl. auch Alan Simpson, *Puritanism in Old and New England* (Chicago, 1955) 1 ff. und David D. Hall, Understanding the Puritans, *The State of American History*, ed. Herbert J. Bass (Chicago, 1970) 330—349.

zeugungen — vor allem die der Rechtgläubigkeit, die keine anderen Auffassungen tolerierte, stellten eine Herausforderung an die demokratischen Ideale der amerikanischen Republik dar, auf die die Nachkommen in verschiedenen Zeiten unterschiedlich geantwortet haben.

II. GESCHICHTE DER AMERIKANISCHEN PURITANISMUSFORSCHUNG

Die Auseinandersetzung um den Puritanismus und seine Prinzipien und Praktiken beginnt schon bald nach der Niederlassung der ersten Siedler in Neuengland. Kritiker und Gegner nahmen in Anklagen und Spottschriften den Disput auf — eine sehr gemischte Gruppe, zu der sowohl der tief religiöse Roger WILLIAMS wie der spottlustige Abenteurer Thomas MORTON gehören. Von Anfang an stand die religiöse Intoleranz ganz oben auf der Liste der Anklagepunkte. Die Klagen hören auf, oder finden weniger beredten Ausdruck, seit im Laufe des 18. Jahrhunderts sich auch andere protestantische Kirchen in Neuengland etablieren können. Mit der Unabhängigkeit, die auch die Freiheit der Religionsausübung garantiert, werden sie in der unmittelbaren Auseinandersetzung gegenstandslos. Zu dieser Zeit hat der religiöse Puritanismus als gemeinschaftsordnendes Prinzip seine Kraft verloren; die von ihm begründeten politischen Ordnungen sind jedoch Grundlage der amerikanischen Demokratie geworden. Aber obwohl anstelle von Neuengland nun Virginia politisch und geistig in den Vordergrund tritt, gelingt es den Neuengländern, ihre puritanischen Ahnen als "Founding Fathers", als die eigentlichen Begründer der amerikanischen Unabhängigkeit in die Geschichte einzuführen.[2] In George BANCROFTS ›History of the United States‹, 7 vols. (London, 1836—1876) werden sie als Vorläufer der Republik gefeiert, die sie auch in vieler Hinsicht waren, und John Gorham PALFREY schrieb seine in ihrer Informationsfülle immer noch

---

[2] Wesley Frank Craven, *The Legend of the Founding Fathers* (New York, 1956) untersucht die amerikanische Sehnsucht nach Gründungsvätern.

wichtige Geschichte Neuenglands ›A Compendious History of New England‹, 5 vols. (Boston, 1858—1890) in ungetrübt propuritanischer Gesinnung. Daneben erwiesen sich auch andere Nachkommen der Puritaner, die nicht professionelle Historiker waren, als gute Verteidiger ihrer Ahnen. Geschichtsforschung ist die ernsthafte Liebhaberei so mancher gebildeter Neuengländer des 19. Jahrhunderts gewesen. 1791 wurde die "Massachusetts Historical Society" gegründet, die erste historische Vereinigung Amerikas, in deren ›Collections‹ von da an die Schriften und Dokumente der Kolonialzeit veröffentlicht werden und in deren ›Proceedings‹ Beiträge der Mitglieder erscheinen, unter denen so gut wie alle bedeutenden Familien der Frühzeit vertreten sind.[3] Der fleißigen Bemühung der Nachfahren verdanken wir nicht nur die Herausgabe der erreichbaren Quellen, sondern auch eine Fülle von Darstellungen, vor allem Kirchen- und Stadtgeschichten sowie Biographien. Einige dieser Werke sind, z. T. auch durch das in ihnen enthaltene Quellenmaterial, bis heute wertvoll. So hat z. B. John L. SIBLEY in den Jahren 1873—1885 als Ergebnis von außerordentlichem Arbeitsaufwand und von Forschungsspürsinn im Auftreiben von verborgenen privaten Quellen die Biographien von sämtlichen Harvard-Studenten (graduates) der Jahre 1642—1689 — und das sind so gut wie alle führenden Männer der Zeit — in drei Bänden (Cambridge, Mass., 1873—1885) veröffentlicht.

Aber alle diese Leistungen zogen bald das Verdammungsurteil der Ahnenfrömmigkeit — "filio pietism" — auf sich. Es kam von Charles Francis ADAMS, Bruder von Henry und Brooks ADAMS, die selber Abkommen bedeutender Puritaner waren, allerdings aus einer Familie, die erst in den Unabhängigkeitskämpfen ihre überragende Bedeutung gewonnen und dann den Vereinigten Staaten zwei Präsidenten gestellt hatte. Im Jahre

---

[3] Andere später entstandene Gesellschaften mit ähnlichen Aufgaben sind die 1812 in Worcester, Mass. gegründete "American Antiquarian Society", die *Collections* und *Transactions* herausgibt sowie die 1897 entstandene "Colonial Society of Massachusetts", die *Publications* veröffentlicht.

1893 veröffentlichte Charles Francis ADAMS in Boston seine Streitschrift ›Massachusetts. Its Historians and Its History. An Object Lesson‹. In einer Zeit, die den Ikonoklasmus als bevorzugte Haltung des fortschrittlichen Intellektuellen entdeckte, geht ADAMS schonungslos mit den Puritanern und ihren Historikern ins Gericht. Als echter Sohn des 19. Jahrhunderts ist ADAMS' Wertsystem ganz von dem neuen amerikanischen Glauben des Fortschritts bestimmt. Der Wert einer geschichtlichen Zeit hängt für ihn davon ab, in wieweit sie die beiden wichtigsten Ideale des Fortschritts und der amerikanischen Gesellschaft verwirklicht hat: das der Gleichheit vor dem Gesetz und das der religiösen Freiheit. Daß sich die Puritaner gegen das letztere versündigt haben, prangert ADAMS in vielen Beispielen und Zitaten an, und er macht zugleich den Historikern bittere Vorwürfe, diese Tatsache beschönigt zu haben. Er erfand das Schlagwort von der puritanischen Eiszeit (glacial age): der puritanische Glaube habe sich wie ein Gletscher über das geistige Leben Neuenglands gelegt.[4] Dabei verblüffte ihn aber, wie er selber gestand, die Anomalie, daß unter einem anscheinend so lähmenden Glauben sich ein gesundes politisches Leben entfalten konnte. — In der "Massachusetts Historical Society", der natürlich auch ADAMS angehörte, mußte sich ADAMS sogleich scharfe Kritik gefallen lassen. Sein Gegner war Robert C. WINTHROP, ein Nachfahr des ersten Gouverneurs der Massachusetts Bay Colony, der ihm nicht völlig zu Unrecht in seiner Philippika Unwissenschaftlichkeit in der Behandlung der Quellen und der Argumente vorwarf.[5]

Charles Francis ADAMS hatte sich selber als Historiker New Englands betätigt, als er einen der berühmten Fälle von purita-

---

[4] Die Eiszeitmetapher wurde von Clifford K. Shipton, The New England Clergy of the 'Glacial Age', PCSM 32 (Dec., 1933) 24—54 und: A Plea for Puritanism, AHR 40 (1935) 460—467 zurückgewiesen. Diese Aufsätze sind auch Antworten auf James T. Adams, The Founding of New England (Boston, 1921).

[5] PMHS, 2nd series 8, 1892—1894 (Dec., 1893) 370—387; Adams' Antwort ebenda, 402—412.

nischer Intoleranz, die Antinomistenkrise, vornahm und die dazu vorliegenden Schriften herausgab.[6] In seinen ›Three Episodes of Massachusetts History‹, 2 vols. (Boston, 1892) wird diese Krise ausführlich behandelt, allerdings nur in ihrem äußeren politischen Ablauf, unter bewußter Ausklammerung des theologischen Disputs, den ADAMS für völlig unverständlichen und verschrobenen Jargon hielt. Ebenso unbelastet von irgendwelcher Kenntnis der puritanischen Theologie war Charles Francis' jüngerer Bruder Brooks ADAMS, als er 1887 in ›The Emancipation of Massachusetts‹[7] die puritanische Geistlichkeit als tyrannische Theokraten anklagte. Gleichzeitig mit der Attacke der ADAMS' erschienen in den letzten beiden Jahrzehnten des 19. Jahrhunderts aber auch einige sehr gelehrte und bedeutsame Werke, die sich gerade um das bemühten, was Charles Francis ADAMS als abstrus ausklammerte: ein theologisch-geistesgeschichtliches Verständnis des amerikanischen Puritanismus. Als Ansatzpunkt für dieses Verständnis benutzten diese Werke den Kongregationalismus, die besondere Kirchenordnung des amerikanischen Puritanismus. Der Geistliche Henry Martyn DEXTER erstellte eine immense Bibliographie puritanisch-kongregationalistischer Schriften von 1546—1879 und schrieb aufgrund umfassender Kenntnis ›The Congregationalism of the Last Hundred Years As Seen in Its Literature‹, 2 vols. (New York, 1880; repr. 1970). Williston WALKER beschränkte seine Darstellung auf Amerika: ›A History of the Congregational Church in the United States‹ (New York, 1894). Seine bedeutsamste Leistung aber ist die Herausgabe und Kommentierung der programmatischen Schriften ›The Creeds and Platforms of Congregationalism‹ (New York, 1893; repr. Philadelphia, Boston, 1960).[8] Während diese Arbeiten zunächst nur in der

---

[6] *Antinomianism in the Colony of Massachusetts Bay, 1636—1638*, ed. Charles F. Adams (Boston, 1894).

[7] Zweite, durch eine lange Einleitung erweiterte Fassung (Boston, 1919), neu hrsg. von Perry Miller (Cambridge, Mass., 1962).

[8] Williston Walker, *Ten New England Leaders* (New York, 1901) enthält ausgezeichnete kurze Biographien von Bradford, Cotton,

engsten Fachwissenschaft zur Kenntnis genommen wurden, fand die Kritik der ADAMS' weiten Widerhall und löste eine ausgesprochen puritanerfeindliche Periode in der amerikanischen Geistesgeschichte aus. In der um 1900 entflammenden Diskussion um den Stand der amerikanischen Kultur wurden „die Puritaner" zu Prügelknaben gemacht für alles, was in der amerikanischen Gesellschaft als engstirnig, spießig, naturfeindlich, prüde oder verlogen galt. Die Befreiung des modernen Amerika vollzog sich unter dem Banner eines anti-puritanischen Kreuzzuges, dessen Anführer, H. L. MENCKEN, den Kampf mit streitbaren, spottlustigen Schriften führte.[9]

In der amerikanischen Geschichtsforschung hatte sich gegen Ende des 19. Jahrhunderts mit der Modernisierung der Universitäten eine Professionalisierung durchgesetzt. Damit traten an die Stelle der Amateure ("gentlemen scholars"), die im 19. Jahrhundert die Geschichte der Ahnen aus persönlichem Interesse und Liebhaberei erforscht hatten, ausgebildete Historiker mit kühlerem Blick.[10] Unter ihnen setzte sich die von den ADAMS' begründete kritisch-ahnenscheltende Haltung fort. Nachdem Charles A. BEARD mit ›An Economic Interpretation of the Constitution of the United States‹ (New York, 1913) Aufsehen erregt hatte, wurde es Mode, nach verschwiegenen wirtschaftlichen hinter den artikulierten geistigen Motiven zu suchen. Für die Puritaner leistete dies James Truslow ADAMS (nicht verwandt mit der Präsidentenfamilie) in ›The Founding of New

---

Richard Mather, John Eliot, Increase Mather, Jonathan Edwards, Charles Chauncey, Samuel Hopkins, Leonard Woods und Leonard Bacon.

[9] Vgl. vor allem die sechs Folgen *Prejudices* (New York, 1919 bis 1927); dazu Frederick J. Hoffman, Philistine and Puritan in the 1920's. An Example of the Misuse of the American Past, *AQ* 1 (1949) 247—263.

[10] Dazu Edmund S. Morgan, Recent Interpretations of Early American History, *Reinterpretations of Early American History*, ed. Ray A. Billington (San Marino, Calif., 1966) 45 ff.

England‹ (Boston, 1921). Dieses Buch drückte einschlägig und für eine breite Leserschaft die amerikanische Haltung im ersten Viertel des 20. Jahrhunderts aus: ADAMS sah die Neuengland-Kolonie in den großen politischen und wirtschaftlichen Verflechtungen der Zeit, die er packend darstellt und verdienstvoll erfaßt hatte, und verwandte wenig Zeit auf das Verständnis religiöser Dokumente. Er verkündete kategorisch, daß die frühen Siedler von höchst praktisch-ökonomischen Antrieben zur Übersiedlung bewogen worden waren.[11] Im ersten Band, "The Colonial Mind, 1620—1800" seines einflußreichen Werks ›Main Currents in American Thought‹, 3 vols. (New York, 1926 bis 1930; paperback 1954) hat Vernon Louis PARRINGTON auch die Puritaner, und zwar ohne besondere Sympathie, behandelt. PARRINGTONS Argumentation ist von einer engagierten Parteilichkeit getragen: er verfolgte die Herausbildung der amerikanischen demokratischen Ideale in der intellektuellen, politischen und wirtschaftlichen Entwicklung Amerikas im Lichte eines sich an JEFFERSONS Vorstellungen orientierenden Liberalismus und unterschied dabei zwischen Förderern und Feinden dieser Ideale. Die Puritaner, deren Schriften er nur sehr unvollkommen gelesen und verstanden hatte, erschienen ihm mit Ausnahme von Roger WILLIAMS und bis zu einem gewissen Grade auch von Thomas HOOKER[12] durch ihre, wie er es nannte, "absolutist theology" als Feinde des „liberalen Naturrechts".[13]

Kritische Antworten auf diese Auffassungen kamen sehr bald von der Hochburg neuenglländischer Gelehrsamkeit, der Harvard-Universität, die in den nächsten drei Jahrzehnten das Zentrum

---

[11] Eine kritische Antwort darauf von Nellis M. Crouse, Causes of the Great Migration, 1630—1640, *NEQ* 5 (1932) 3—36, ebenfalls Perry Miller im Titelessay von *Errand Into the Wilderness* (Cambridge, Mass., 1956) 1—15.

[12] Zur Kontroverse um Hooker vgl. unten S. 54.

[13] Parringtons Anleihen bei Tyler hat Donald E. Houghton, Vernon Louis Parrington's Unacknowledged Debt to Moses Coit Tyler, *NEQ* 43 (1970) 124—130 nachgewiesen.

der Puritaner-Forschung werden sollte. 1925 veröffentlichte der Literaturwissenschaftler Kenneth B. MURDOCK die sorgfältig aus den Quellen erarbeitete Biographie des Geistlichen und Staatsmannes ›Increase Mather. Foremost American Puritan‹ (Cambridge, Mass., 1925), eine Studie des Mannes und seiner Zeit, die auch seine theologisch-intellektuellen Äußerungen mit Verständnis und Respekt behandelte. Größere, über die Fachwelt hinausreichende Wirkung hatte das Buch von MURDOCKS Kollegen, dem vielseitigen Historiker Samuel Eliot MORISON, der 1930 eine Sammlung von Biographien unter dem Titel ›Builders of the Bay Colony‹ (Boston, 1930) herausbrachte. Dieses Buch, von einem ernsthaften Historiker für eine breite Leserschaft geschrieben, erschien nicht von ungefähr zum 300. Jubiläum der Landung von 1630. Die Porträtierten waren keineswegs alle geistliche Führer, sondern repräsentierten mit verschiedenen Berufen — Geistlicher, Kaufmann, Goldschmied, Universitätspräsident, Dichterin — einen Querschnitt durch die Gesellschaft Neuenglands im 17. Jahrhundert. MORISON vernachlässigte die politischen und wirtschaftlichen Realitäten nicht, er befaßte sich auch durchaus nicht spezifisch mit den religiösen Motiven der Einwanderer, aber er setzte sich in einem "Appendix", "Were the Settlers of Massachusetts Bay Puritans?" (S. 379 bis 386), temperamentvoll und witzig mit J. T. ADAMS' allzu sorgloser Behauptung, „vier von fünf" Einwohnern der Kolonie hätten keine puritanischen Sympathien gehabt, auseinander.

Most of the people described in this book would have led obscure lives but for a dynamic force called puritanism which drove them to start life anew in a wilderness — (S. V)

Dies war sein Vorspruch zu den biographischen Porträts, die führende Persönlichkeiten Neuenglands als glaubwürdige Menschen ihrer Zeit und als akzeptable Ahnen der modernen Amerikaner schilderten. MORISON bedachte auch das nächste große Jubiläum mit einem wichtigen Werk. Zum 300. Gründungstag der Harvard-Universität erschienen drei Bände über die frühe Geschichte von Harvard College, das die Einwanderer wenige

Jahre nach ihrer Ankunft in der Neuen Welt gegründet hatten.[14] In den dreißiger Jahren erhielten MURDOCK und MORISON Verstärkung aus dem Mittleren Westen, von einem jungen Gelehrten, Perry MILLER, der es sich in den Kopf gesetzt hatte, den Puritanismus nun wirklich und primär als intellektuelle Kraft zu erforschen. Dieser Aufgabe hat MILLER bis zu seinem Tode im Jahre 1963 seine immense wissenschaftliche Energie gewidmet; das Resultat stellt das bedeutendste Werk geistesgeschichtlicher Forschung in Amerika dar.

MILLERS Opus ist damit ebenso ein Faktum der amerikanischen Geistesgeschichte wie sein Forschungsgegenstand, den MILLER als "The New England Mind" definierte. Wenn Charles Francis ADAMS den amerikanischen Liberalismus und Fortschrittsglauben des 19. Jahrhunderts vertrat und in deren Namen die Ahnen angriff, wenn James Truslow ADAMS seine Sicht Neuenglands aus dem Geschäftsgeist Amerikas im ersten Drittel des 20. Jahrhunderts bezog, so fühlte sich MILLER als Glied einer skeptischen Generation des "Age of Anxiety" nach dem ersten Weltkrieg. Er sah Geschichte nicht als Fortschritt und wollte die Puritaner weder als Vorbereiter der demokratischen Ideale von Gleichheit und Toleranz feiern noch als Sünder gegen diese Ideale verdammen. Sein erstes Buch ›Orthodoxy in Massachusetts, 1630—1650‹ (Cambridge, Mass., 1933) leitete er mit einer kecken Absage an die Lieblingsvorstellungen der zeitgenössischen Geschichtsschreibung ein:

I have attempted to tell of a great folk movement with an utter disregard of the economic and social factors (S. XI).

---

[14] Samuel Eliot Morison, *The Founding of Harvard College* (Cambridge, Mass., 1935) und *Harvard College in the Seventeenth Century*, 2 vols. (Cambridge, Mass., 1936). Kritik an dem seiner Meinung nach von Morison zu hoch veranschlagten Niveau übt Winthrop S. Hudson, The Morison Myth Concerning the Founding of Harvard College, CH 8 (1939) 148—159. Josiah Quincy, *The History of Harvard University*, 2 vols. (Cambridge, Mass., 1840) enthält wertvolle Informationen.

Das bedeutete nicht, daß MILLER diese Faktoren überhaupt unbeachtet lassen wollte, sondern daß er daran glaubte, "that the way men think has some influence upon their actions". Für ihn waren die Puritaner eine interessante Spezie Mensch, die sich, aus der Dynamik ihrer Überzeugung handelnd, einen Platz in der Geschichte geschaffen hatten; es faszinierte ihn, den Umständen und Schicksalen ihrer Überzeugung nachzugehen. Im Puritanismus erkannte MILLER ein geistig-weltanschauliches System von großer intellektueller Konsequenz und Disziplin, das er in allen Feinheiten der dogmatischen Struktur und Strategie und in seiner Anwendung auf die amerikanischen Gegebenheiten studierte. Die Erforschung dieses Phänomens, das bisher für abstrus und unverstehbar gegolten hatte, wurde bei ihm zu einem spannenden intellektuellen Abenteuer, in das er seine Leser einbezog. Denn in jedem Satz, den MILLER schrieb, war spürbar, daß er nicht aus blutleerem, antiquarischen Interesse, sondern aus einer leidenschaftlichen Anteilnahme an den Geschicken des Geistes in Amerika schrieb. Die Puritaner waren für MILLER die ersten Amerikaner, die sich den Bedingungen und Aufgaben der amerikanischen Existenz intellektuell und handelnd stellten.

›Orthodoxy in Massachusetts, 1630—1650‹, MILLERS Dissertation, ist eine Untersuchung über die Veränderungen, die der puritanische Glaube bei seiner Übersiedlung nach Amerika erfahren hatte. Er suchte zu klären, warum und auf welche Weise die große zweite Gruppe der Einwanderer, die im Gegensatz zu der ersten kleineren Schar der "Pilgrim Fathers" keine Separatisten waren, sich zwar nicht von der englischen Kirche trennten, dennoch aber in Massachusetts das kongregationalistische Prinzip unabhängiger Einzelkirchen anstelle einer presbyterianischen Kirchenordnung einführten. Die Antworten, die MILLER damals auf diese Frage fand, sind von der späteren Forschung, vor allem von seinem Schüler Edmund S. MORGAN in ›Visible Saints, the History of a Puritan Idea‹ (New York, 1963) in einigen Punkten revidiert worden. MILLERS Buch stellte jedoch einen Einstieg in die geistige Welt des Puritanismus dar, den er in zwei umfangreichen Werken umfassend erforschte: ›The New England Mind: The Seventeenth Century‹ (Cambridge, Mass., 1939) und ›The New England Mind: From Colony to Province‹ (Cambridge, Mass., 1953; beide Bände 1961 als Paperback). Diese beiden Bände, die sich gegenseitig ergänzen, stellen ein ganz einzigartiges Unternehmen in der amerikanischen Forschung dar: die Erkundung eines zeitspezifischen Geistes, eines Epochengeistes, am Anfang der amerikanischen Entwicklung. Zu diesem Zweck hat MILLER sowohl waagerechte wie senkrechte Koordinaten angelegt. Im ersten Band, ›The New England Mind: The Seventeenth Century‹, geht es MILLER darum, die wesentlichen Vorstellungen des puritanischen Geistes in Neuengland in bezug auf Herkunft, Verflechtungen untereinander und Bedeutungen zu definieren und klassifizieren. Dabei ist er sich im klaren, daß sein Begriff des "New England Mind" eine Metapher, eine wissenschaftliche Hilfskonstruktion ist. Nur indem er die Literatur der puritanischen Epoche so betrachtet „als wäre sie das Produkt einer einzigen Intelligenz", kann er das puritanische Weltbild in seinen wesentlichen Zügen klarlegen. Er tut das in vier jeweils noch vierfach unterteilten Kapiteln: I. "Religion and Learning"; II. "Cosmology"; III. "Anthropology" und IV. "Sociology". MILLER spannt den Bogen seiner Untersuchung von AUGUSTINUS über Scholastik, Humanismus, Renaissance, Reformation zu den Puritanern. Aus der „Augustinischen Frömmigkeit" werden die Grundlagen ihres Glaubens entwickelt; zu ihren Vorstellungen vom Menschen, seiner Natur, seinen Verstandes-, Wissens- und Ausdrucksmöglichkeiten haben die großen Denker der Scholastik und des Humanismus protestantischer Prägung beigetragen. Natürlich beginnen alle ihre Überlegungen mit der durch den Ungehorsam gegen Gott verursachten absoluten Sündhaftigkeit der menschlichen Natur, aus der nur die Gnade Gottes befreien kann; die Puritaner aber sind auch davon überzeugt, daß der Mensch seine Verstandeskräfte in seinem Bereich gebrauchen kann und soll. Sie sind im wesentlichen Rationalisten mit einer Vorliebe für umfassende Systematisierungen. Als wichtigste allgemeine Wissensquellen haben sie die

Enzyklopädien von Johannes ALSTED (1588—1638) und Bartholomäus KECKERMANN (1571—1609) — Sammlungen europäischer Gelehrsamkeit im 16. und 17. Jahrhundert — benutzt; für ihr Denken wie auch für ihre literarischen Arbeiten war die Logik des französischen Calvinisten und Aristoteles-Kritikers Petrus RAMUS von besonderer Wichtigkeit.[15]

Dabei ist es keineswegs so, daß die amerikanischen Puritaner in jedem Fall nur Rezipienten europäischer Ideen waren. Im vierten Teil seines Bandes, den MILLER sehr modern "Sociology" nennt, befaßt er sich ausführlich mit der Konzeption des "covenant", den die amerikanischen Puritaner neben und zum Teil unabhängig von den schottischen und deutschen Bundestheologen entwickelt und jedenfalls sehr spezifisch für ihre besonderen Zwecke in Religion und Gesellschaft ausgelegt haben.

Die Ergänzung zu dieser Bestandsaufnahme puritanischen Denkens in Neuengland bietet der zweite Band: ›From Colony to Province‹, in dem die Einheit des "New England Mind" bis zu einem gewissen Grade durch einen historischen Längsschnitt von etwa 1660 bis 1730 differenziert wird. Das Leitmotiv ist hier das der "Jeremiade", des periodisch angesetzten Klagerituals, mit dem die eigene Unzulänglichkeit und der Abfall von dem großen Vorbild der ersten Generation eingestanden und zugleich zu Erneuerung und größerer Zukunft aufgerufen wurde. Die Anlässe zu solchen kombinierten Klage- und Hoffnungszelebrierungen, die, wie kürzlich Sacvan BERCOVITCH gezeigt hat,[16] eine bis ins 20. Jahrhundert fortgesetzte Tradition haben, sind vielfältig; sie reichen von äußeren Anlässen wie Mißernten, Feuersbrünsten, Erdbeben, Pockenepidemien oder Kriegsbedrohung zu den noch schwieriger zu bekämpfenden inneren Anlässen, die in Problemen des Glaubens angelegt sind: den

---

[15] Dazu Walter J. Ong, S. J., *Ramus: Method and the Decay of Dialogue* (Cambridge, Mass., 1958), sowie: Keith L. Sprunger, Ames Ramus, and the Method of Puritan Theology, HTR 59 (1966) 133—151.

[16] Siehe unten S. 52.

Schwierigkeiten bei der Erfüllung des Covenants, den Heimsuchungen des Hexenwahns und der langsamen Aufweichung des festen Glaubens der Väter.

MILLER legt die geistige Welt der amerikanischen Puritaner in allen ihren Nuancen und Subtilitäten mit einer Art von kühler intellektueller Begeisterung dar, die keine Rücksicht auf flüchtige oder halbinteressierte Leser nimmt. Ohne selber gläubig zu sein, hat er einen tiefen Respekt vor der Intensität und Integrität des puritanischen Denkens.

I assume that Puritanism was one of the major expressions of the Western intellect, that it achieved an organized synthesis of concepts which are fundamental to our culture, and that therefore it calls for the most serious examination.[17]

Er war davon überzeugt, daß der Puritanismus von immenser historischer Bedeutung war und daß die moderne Welt, und insbesondere das moderne Amerika, ohne ihn nicht zu verstehen sei. Als er seine Arbeit begann, war dies in Amerika eine nur von wenigen Leuten geteilte Meinung. Es ist die Konsequenz seines Werkes gewesen, daß sich diese Meinung Geltung verschaffte und daß sich eine große Anzahl von Gelehrten mit dem Puritanismus und seiner Epoche befaßte, die heute zu den am besten erforschten Abschnitten der amerikanischen Geschichte gehört.

Es kann an dieser Stelle nicht unsere Aufgabe sein, MILLERS wissenschaftliches Werk von Monographien, Essays, Biographien und Editionen vollständig vorzustellen; die einzelnen Titel werden im folgenden an gegebener Stelle erscheinen. Da es hier um Perry MILLERS Rolle in der geistig-wissenschaftlichen Auseinandersetzung um den Puritanismus geht, sind aber zumindest noch zwei Leistungen zu nennen. In einem längeren Essay ›The Marrow of Puritan Divinity‹, der zuerst 1935 erschien,[18] hat MILLER die Grundvorstellungen der amerikanischen Puritaner

---

[17] *The New England Mind: The Seventeenth Century*, S. VIII.
[18] *PCSM* 32 (1935) 247—300, nachgedruckt in *Errand Into the Wilderness*, 48—98.

so dargestellt, daß ihre Theologie als ein in sich stimmiges intellektuelles System dem Leser des 20. Jahrhunderts begreifbar und sogar interessant wurde. Eine weitere Leistung des Zugänglich-Machens war die 1938 zusammen mit Thomas H. JOHNSON herausgegebene und mit Einleitungen und Kommentaren versehene Anthologie puritanischer Schriften ›The Puritans‹ (American Book Company, 1938). Mit diesem stattlichen Werk, das 1963 in zwei Paperback-Bänden und mit einer erweiterten Bibliographie erschien, lagen zum ersten Mal die bis dahin schwer zugänglichen Texte vor, die einer breiteren Leserschaft die Bekanntschaft mit den Puritanern möglich machte. Überdies war der Band Anlaß für eine wichtige Entdeckung: bei der Sammlung des Materials entdeckte Thomas H. JOHNSON in der Bibliothek von Yale das Manuskript eines umfangreichen poetischen Werkes: die Meditationen und sonstigen Dichtungen von Edward TAYLOR, der von 1671 bis 1729 in der kleinen Grenzgemeinde von Westfield als Geistlicher gewirkt hatte. Damit war zu dem nicht großen Corpus puritanischer Verseschmiederei ein Opus von spröder, aber bedeutender Dichtung gekommen, das die Forschung bis heute intensiv beschäftigt.

Seit Perry MILLERS Tod im Jahre 1963 ist die von ihm aufgedeckte geistige Dimension des Puritanismus in vielen Einzelstudien, über die in den nächsten Kapiteln zu berichten ist, weiter erforscht worden. Aber es gibt auch eine immer wieder auflebende Diskussion über seine Richtung und Methode, Angriffe und Verteidigungen.[19] Sie haben im ganzen gesehen nicht zu einer Überwindung oder Ablehnung MILLERS, wohl aber zu

---

[19] Würdigungen oder kritische Diskussionen von Millers Werk sind: Perry Miller and the American Mind. A Memorial Issue, *Harvard Review* 2 (Winter-Spring, 1964); David A. Hollinger, Perry Miller and Philosophical History, *Hist. T.* 7 (1968) 189—202; Gene Wise, Implicit Irony in Recent American Historiography: Perry Miller's *New England Mind*, *JHI* 29 (1968) 579—600 und George M. Marsden, Perry Miller's Rehabilitation of the Puritans: A Critique, *CH* 39 (1970) 91—105. Vgl. auch die in der nächsten Anm. genannten Arbeiten.

einer gewissen Modifizierung der Forschungsphilosophie geführt: Einige Forscher, vor allem unter den Historikern, richten ihre Aufmerksamkeit mehr auf die aus der Idee erwachsende Tat.[20] Besonderen Auftrieb hat in den letzten Jahren die sozialgeschichtliche Forschung erhalten, die aus dem Beispiel einzelner Gemeinden Einsichten in die Familien- und Sozialstruktur Neuenglands und in ihre Umwandlungen zwischen Besiedlung und Unabhängigkeit erhofft. Diese Forschung arbeitet im wesentlichen mit nicht-literarischen Quellen.[21]

---

[20] Siehe den Bericht von Michael McGiffert, American Puritan Studies in the 1960's, *WMQ* 27 (1970) 36—67 und David D. Hall, Understanding the Puritans, *The State of American History*, ed. Herbert Bass (Chicago, 1970) 330—349. Über die von Miller in der Meinung mancher Forscher vernachlässigte Gemütsdimension McGiffert 50 ff. und James Maclear, The Heart of New England Rent: The Mystical Element in Early Puritan History, *MVHR* 42 (1956).

[21] Siehe den Forschungsbericht von Richard S. Dunn, The Social History of Early New England, *AQ* 24 (1972) 661—679.

III. ALLGEMEINE HILFSMITTEL DER FORSCHUNG

Für die Arbeit mit der Literatur der Puritaner sind eine Reihe von allgemeinen Bibliographien,[22] Ausgaben, Lexika, Handbüchern und Anthologien als besonders hilfreich zu nennen.

a) Bibliographien

Eine breit angelegte ältere Bibliographie ist Joseph SABIN, ›Bibliotheca Americana: A Dictionary of Books Relating to America. From its Discovery to the Present Time‹, 29 vols., (New York, 1868—1936), deren spätere Bände von Wilberforce EAMES und Robert W. G. VAIL (repr. Amsterdam, 1961—62) betreut wurden. Charles EVANS, ›American Bibliography 1639 bis 1820‹, 14 vols. (Chicago, 1903—1959; repr. New York, 1941—1962) verzeichnet die in dieser Zeit in Amerika gedruckten Publikationen.[23] Auch hier sind die Anfangsbände für die Puritaner zu benutzen. Jacob BLANCK, ›Bibliography of American Literature‹ ist nach Autoren geordnet und bietet eine um-

---

[22] Spezielle, auf einzelne Personen bezogene Werke werden bei diesen genannt.

[23] Clifford K. Shipton and James E. Mooney, *National Index of American Imprints Through 1800: the Short Title Evans* (2 vols., Worcester, Mass., 1969) enthält in kurzer Form die in Evans verzeichneten sowie zusätzliche Titel und ist wichtig als Index für die nach Evans hergestellten Mikrokarten (s. unten S. 21). Nach Evans aufgefundene Titel verzeichnet Roger P. Bristol, *Supplement to Charles Evans American Bibliography* (Charlottesville, Va., 1970). Zu beiden siehe J. A. Leo Lemay, Recent Bibliographies in Early American Literature, *EAL* 8 (1973) 66—77.

fassende Bibliographie ihrer Werke. Bisher sind vols. 1—6 (A—Parsons) erschienen (New Haven, Conn., 1955—1973).

Eine umfangreiche Bibliographie puritanischer theologischer Literatur findet sich im "Appendix" zu Henry Martyn DEXTERS ›The Congregationalism of the Last Three Hundred Years: Collections toward a Bibliography of Congregationalism‹.[24] Die reichen Manuskriptbestände der "Massachusetts Historical Society" sind im ›Catalog of Manuscripts of the MHS‹, vols. 1—7 (Boston, 1969) durch abgebildete Karteikarten einzusehen.[25]

Sekundärliteratur findet sich im 3. Band der ›Literary History of the United States‹, der von Thomas H. JOHNSON herausgegeben ist (New York, 1948; 1953; 1964—65), fortgesetzt in ›Bibliography Supplement‹, ed. Richard M. LUDWIG (New York, 1959). Die ausführlichste Bibliographie puritanischer Primär- und Sekundärliteratur mit kurzen Erklärungen findet sich jedoch in der Paperback-Ausgabe von MILLER-JOHNSONS ›The Puritans‹ (2 vols., New York, 1963).[26] Diese Bibliographien sind durch

---

[24] Vgl. auch *Religion in American Life*, ed. James W. Smith and A. Leland Jamison, vol. 4: Nelson R. Burr, *A Critical Bibliography of Religion in America*, parts 1 and 2 (Princeton, N. J., 1961).

[25] Ähnliche Kataloge gibt es für andere große Sammlungen. Hilfreich für die Suche nach Manuskripten sind Charles Andrews and Frances Davenport, *Guide to the Manuscript Materials for the History of the United Staates to 1783* (Washington, D. C., 1908; repr. New York, 1965); *A Guide to Archives and Manuscripts in the United States*, ed. Philip Hamer (New Haven, Conn., 1961); *The National Union Catalog of Manuscript Collections* (Ann Arbor, Michigan, 1962 ff.; spätere Bände Hamden, Conn. und Washington, D. C.); *American Library Manuscripts: A Checklist of Holdings in Academic, Historical and Public Libraries in the United States* (Austin, Texas, 1961).

[26] Eine ältere, aber durch ihre Wertung immer noch nützliche Bibliographie ist die von Kenneth B. Murdock in *The Literature of the American People*, ed. Arthur Hobson Quinn (New York, 1951) 991—1013.

die in AL und PMLA erscheinenden Titel zu ergänzen.²⁷ Nützlich sind außerdem die wertenden Berichte in ›American Literary Scholarship. An Annal‹, ed. James WOODRESS. Diese Jahresbände erschienen zum ersten Mal für 1963 (Durham, N. C.).

Die immer zahlreicher werdenden (meist ungedruckten) Dissertationen zu Themen des amerikanischen Puritanismus sind verzeichnet in ›Dissertation Abstracts‹ (Ann Arbor, Michigan, 1938 ff.), seit 1969 Dissertation Abstracts International. Abstracts of Dissertations Available on Microfilm or as Xerographic Reproductions. Eine thematische Auswahl bringt James WOODRESS, ›Dissertations in American Literature, 1891—1966‹ (Durham, N. C., 1968); für die folgenden Jahre sind sie auch in AL zu ersehen.²⁸

b) Quellen, Texte, Anthologien

Ein großer Teil der reichen schriftlichen Hinterlassenschaft der Puritaner ist zuerst in den Publikationen der verschiedenen historischen Gesellschaften, die in Neuengland entstanden, veröffentlicht worden: die älteste und bedeutendste ist die "Massachusetts Historical Society"; "The Colonial Society of Massachusetts", "The American Antiquarian Society" und der "Narragansett Club" (Für Rhode Island und Roger Williams zuständig) publizierten ebenfalls Texte und Forschungen. Die Publikationen dieser Gesellschaften sind Fundgruben für Material und kritische Ansätze. Daneben gebührt einigen Sammlern und Forschern Dank für das Aufspüren und Veröffentlichen von Dokumenten. Der letzte königliche Gouverneur von Massa-

---

²⁷ Vgl. auch Lewis Leary, *Articles on American Literature Appearing in Current Periodicals, 1920—1945* (Durham, N. C. 1947).

²⁸ Unveröffentlichte Dissertationen sind im allgemeinen in diesem Überblick nicht berücksichtigt worden.

chusetts, Thomas HUTCHINSON, veröffentlichte die Dokumente,[29] die die Grundlage sind für ›The History of the Colony of Massachusetts-Bay‹, 3 vols., ed. Lawrence S. MAYO (Cambridge, Mass., 1936).

Weitere frühe Publikationen mit wichtigen Texten sind Peter FORCE, ›Tracts and Other Papers Relating Principally to the Origin, Settlement and Progress of the Colonies in North America‹, 4 vols. (Washington, 1836—1846, repr. New York, 1947) sowie die beiden Bände von Alexander YOUNG, ›Chronicles of the Pilgrim Fathers From 1602 to 1625‹ (Boston, 1841) und ›Chronicles of the First Planters of the Colony of Massachusetts-Bay, from 1623 to 1636‹ (Boston, 1846). Die wichtigste Aktensammlung für das frühe Neuengland sind die ›Records of the Governor and Company of the Massachusetts-Bay‹, ed. Nathaniel B. SHURTLEFF, 5 vols. in 6 (Boston, 1853—1854) für die Jahre 1628 bis 1686. Die moderne Technik hat die Reproduktion von Texten möglich gemacht; so sind die in EVANS' ›American Bibliography‹ verzeichneten Schriften auf Mikrokarten als ›Early American Imprints‹ herausgegeben worden.[30]

Puritanische Texte sind, teilweise verkürzt, in einer Reihe von Anthologien zugänglich, von denen die von Perry MILLER und Thomas H. JOHNSON herausgegebene ›The Puritans‹ die wichtigste ist.[31] Von früheren Anthologien enthielt ›A Library of American Literature from the Earliest Settlement to the Present

---

[29] *A Collection of Original Papers Relative to the History of the Colony of Massachusetts Bay* (Boston, 1769).

[30] Diese Sammlung findet sich auch in einigen europäischen Bibliotheken, z. B. in der des John F. Kennedy-Instituts in Berlin.

[31] Eine verkürzte Ausgabe erschien als *The American Puritans. Their Prose and Poetry*, ed. Perry Miller (New York, 1956). Nicht auf die Puritaner beschränkt ist *Colonial American Writing*, ed. Roy Harvey Pearce (New York, Toronto, 1950). In neuester Zeit sind weitere für den Universitätsgebrauch bestimmte Anthologien erschienen. Eine nützliche Sammlung der wichtigsten nichtliterarischen Texte und Quellen bringt Alden T. Vaughan, *The Puritan Tradition in America, 1620—1730* (New York, 1972).

Time‹, ed. Edmund C. STEDMAN and Ellen M. HUTCHINSON, 11 vols. (New York, 1890—1892) in den beiden ersten Bänden puritanische Texte. In der jüngsten Zeit erschienen eine Reihe von für den Universitätsgebrauch bestimmten Anthologien.

c) Nachschlagewerke, Enzyklopädien, Handbücher

In ›Dictionary of American Biography‹, (DAB) ed. Allan JOHNSON and Dumas MALONE, 20 vols. (New York, 1928—1931) sind die Biographien zumeist von hervorragenden Kennern geschrieben und mit Angaben über Editionen und Sekundärliteratur (bis 1930) versehen; für die in England geborenen Puritaner ist auch das englische ›Dictionary of National Biography‹ zu konsultieren. Pionierarbeit in puritanischer Biographie leistete John Langdon SIBLEY in den auch kulturhistorisch interessanten ›Biographical Sketches of Graduates of Harvard University in Cambridge, Mass., 1642—1689‹, 3 vols. (Cambridge, Mass., 1873—1885).[32]

Für die geschichtlichen Zusammenhänge sind einige ältere Werke immer noch von Bedeutung. Neben HUTCHINSONS oben erwähnter ›History‹ ist John Gorham PALFREY, ›A Compendious History of New England‹, 5 vols. (Boston, 1858—1890) wegen ihrer Materialfülle heute noch wichtig. Herbert L. OSGOOD, ›The American Colonies in the Seventeenth Century‹, 3 vols. (New York, 1904—1907; repr. Gloucester, Mass., 1957) ist noch wertvoll, während Charles M. ANDREWS, ›The Colonial Period of American History‹, 4 vols. (New Haven, Conn., 1934—1938; repr. 1947—58) die beste ausführliche Darstellung bietet.

Für den theologischen Bereich sind vor allem die ›New Schaff-Herzog Encyclopedia of Religious Knowledge‹, ed. Samuel

---

[32] Dazu siehe oben S. 5. Zur Personenbestimmung vgl. James Savage, *A Genealogical Dictionary of the First Settlers of New England*, 4 vols. (Boston, 1860—1862) und die Bände von *The New England Historical and Genealogical Register* (Boston, 1847 ff.).

Macauley JACKSON, 12 vols. (New York, 1908—1912; repr. Grand Rapids, Mich., 1958—63) und die ›Encyclopedia of Religion and Ethics‹, ed. James HASTINGS, 12 vols. (New York, Edinburgh, 1908—26) zu konsultieren. Eine theologische Einführung, die zum Verständnis des amerikanischen Puritanismus beiträgt, ist Arthur C. MCGIFFERT, Sr., ›Protestant Thought Before Kant‹ (New York, 1929; Paperback 1962), das auch ein Kapitel über das 17. Jahrhundert und Neuengland enthält; eine Geschichte des calvinistischen Glaubens in großen Zügen bringt John T. NCNEILL, ›The History and Character of Calvinism‹ (New York, 1954), während das klassische Werk von Heinrich HEPPE, ›Die Dogmatik der evangelisch-reformierten Kirche‹ neu durchgesehen und hrsg. von Ernst BIZER (Neukirchen, 1958) die einzelnen Glaubenspositionen mit Kommentaren bedeutender Theologen erläutert. Marshall M. KNAPPEN, ›Tudor Puritanism: A Chapter in the History of Idealism‹ (Chicago, 1939) erhellt die geistesgeschichtlichen und gesamteuropäischen Zusammenhänge. William HALLER, ›The Rise of Puritanism, or the Way to the New Jerusalem as Set Forth in Pulpit and Press, 1570 to 1643‹ (New York, 1938; Paperback 1957) und die Fortsetzung ›Liberty and Reformation in the Puritan Revolution‹ (New York, 1955) sind vorzügliche Einführungen in die Welt des Puritanismus. Herbert W. SCHNEIDER, ›The Puritan Mind‹ (New York, 1930, auch Paperback) ist ein Pionierwerk. William Warren SWEET, ›Religion in Colonial America‹ (New York, 1942) gibt eine zusammenfassende Darstellung.

Eine allgemeine Einführung in die politische Gedankenwelt der Zeit gibt J. W. ALLEN, ›A History of Political Thought in the Sixteenth Century‹ (London, 1928; Paperback 1960). Für den allgemeinen historischen, kultur- und geistesgeschichtlichen Hintergrund ist die ›Cambridge Modern History‹ und die ›New Cambridge Modern History‹ wertvoll. Die Wirtschafts- und Sozialgeschichte behandeln Joseph DORFMAN, ›The Economic Mind in American Civilization‹ (New York, 1946), 5 vols., darin vol. 1, ›1606—1865‹, Book 1, "Colonial America", und Curtis P. NETTELS, ›The Roots of American Civilization: A

History of American Colonial Life‹ (New York, 1938) sowie Richard B. MORRIS, ›Government and Labor in Early America‹ (New York, 1946; Paperback 1965). Eine zusammenfassende Darstellung der Einwanderung gibt Marcus L. HANSEN, ›The Atlantic Migration, 1607—1860‹ (Cambridge, Mass., 1940; Paperback 1961).

Zwei ältere deutsche Darstellungen, die den amerikanischen Puritanismus aus europäischer Sicht behandeln, sind Erich VOEGELIN, ›Über die Form des Amerikanischen Geistes‹ (Tübingen, 1928) und Walter SCHIRMER, ›Antike, Renaissance und Puritanismus‹ (München, 1924).

IV. DIE LITERATUR DER AMERIKANISCHEN PURITANER, 1620—1760

1. Studien zur Literatur- und Kulturgeschichte

Das geschriebene und gedruckte Wort ist bei den amerikanischen Puritanern eine ernste und nüchterne Angelegenheit. Es hat gottgefälligen und nützlichen Zwecken zu dienen, wozu auch die Förderung der Bildung und das Training des Geistes rechnen, aber nicht die Ziele der reinen Unterhaltung oder der Ablenkung. So verwenden sie durchaus den geschärften sprachlichen Witz; *pun* und *wit* gehören zu den geschätzten menschlichen Fähigkeiten. Aber sie haben kein Verständnis dafür gehabt, daß der Mensch das Bedürfnis haben könnte, seine Vorstellungen über die Welt und den Menschen in erdichteten Geschichten und Aktionen darzustellen. So gibt es bei ihnen weder Dramen,[33] noch Erzählungen und schon gar keine Romane, die sie als schädliche Produkte einer ausschweifenden, den menschlichen Schwächen nachgebenden Phantasie ansahen. Dennoch haben ihre ernsten literarischen Bemühungen eine ästhetische Dimension.[34] Wenn der Puritaner Bezugspunkte und Analogien für sein ungeklärtes Schicksal in dieser Welt suchte, dann wandte er sich an die Bibel. Dort fand er die exemplarischen Gestalten, Situationen, Bilder und Leitworte, die ihm das Leben inter-

---

[33] Vgl. Edmund S. Morgan, Puritan Hostility to the Theatre, *PAPS* 110 (1967) 340—347.

[34] Vgl. aber Norman S. Grabo, The Veiled Vision: The Role of Aesthetics in Early American Intellectual History, *WMQ* 19 (1962) 493—510, und: Puritan Devotion and American Literary Theory, *Themes and Directions in American Literature*, ed. Ray B. Browne and Donald Pizer (Lafayette, Ind., 1969) 6—21. Siehe auch Larzer Ziff, Literary Consequences of Puritanism, *ELH* 30 (1963) 293—305.

pretierten. Puritanische Schriften stehen durch Andeutungen oder Zitate fast in jedem Satz in Bezug zur Bibel; sie können ohne Bibelkenntnis (oder Bibel-Konkordanz) nicht verstanden werden.

Die Puritaner sahen ihre Existenz in der Neuen Welt bestimmt von ihrem Gott, von dem Land und der Wildnis, die sie umgab,[35] und von den Erfordernissen des Gemeinwesens, das sie nach ihren Vorstellungen aufzubauen sich bemühten.[36] Innerhalb dieser großen Koordinaten steht auch ihre Literatur. In Predigten und theologischen Schriften erörterten sie die Prinzipien ihres Glaubens; in persönlichen Tagebüchern suchten sie, Aufschluß über ihr ewiges Schicksal als Erwählte oder Verdammte zu finden. Da aber auch das Leben in dieser Welt Teil des großen Auftrags ist, zu dem die Puritaner sich aufgerufen fühlten, haben sie über ihre Übersiedlung, die Ansiedlung und ihre Erlebnisse in Neuengland in politischen Tagebüchern, Auf-

---

Zu literarischen Einflüssen: Josephine K. Piercy, *Studies in Literary Types in Seventeenth Century America (1607—1710)* (New Haven, Conn., 1939; repr. Hamden, Conn., 1969) und George F. Sensabaugh, *Milton in Early America* (Princeton, N. J., 1964).

[35] Dazu Alan Heimert, Puritanism, the Wilderness, and the Frontier, *NEQ* 26 (1953) 361—382 und Peter N. Carroll, *Puritanism and the Wilderness. The Intellectual Significance of the New England Frontier, 1629—1700* (New York, 1969). Zu letzterem auch die Besprechung von Sacvan Bercovitch in *EAL* 5, no. 2 (Fall, 1970) 63—73. Die theoretische Auseinandersetzung mit dem Problem der Indianer behandelt James Axtell, The Scholastic Philosophy of the Wilderness, *WMQ* 29 (1972) 335—366; siehe auch: Alden T. Vaughan, *The New England Frontier: Puritans and Indians, 1620—1675* (Boston, 1965).

[36] Über die allgemeine Geschichte der Kolonisation Carl Bridenbaugh, *Cities in the Wilderness. The First Century of Urban Life in America, 1625—1742* (New York, 1938; 1955); Daniel J. Boorstin, *The Americans: The Colonial Experience* (New York, 1958). Die umfangreiche historische Forschung der 60er Jahre ist bei McGiffert, s. oben Anm. 20 verzeichnet; siehe auch oben Anm. 21.

zeichnungen und Biographien berichtet. Die geistliche und weltliche Sphäre sind in der Literatur dieser engagierten Autoren nicht zu trennen, und so haben die Führer der Ausgewanderten in Predigten, theologischen Schriften, Reden und Traktaten die Prinzipien dieser neuen Gesellschaftsordnung in der Wildnis dargelegt und diskutiert. Schließlich gibt es bei ihnen das Gedicht, die einzige zarte Blüte von Literatur im engeren Sinne des Wortes. Auch hier waltet zumeist großer Ernst, und das gedichtete Wort dient in der Meditation oder im Versepos einem religiösen Thema oder Ziel, aber es kann auch Ausdruck des neuen Lebensgefühls sein.

Die Forschungen zur Literatur der Puritaner sehen sich dementsprechend einer Fülle von Aspekten gegenüber, die zumeist nur in spezifischen, auf ein Thema konzentrierten Arbeiten geklärt werden können. Es gibt bis heute nur eine ausführliche Literaturgeschichte: Moses Coit TYLER, ›A History of American Literature, 1607—1765‹ (New York, 1878; repr. mit Tylers Randbemerkungen, Ithaca, N. Y., 1949). Es ist sicher die Vorzüglichkeit dieses Werkes, die spätere Forscher von der Aufgabe einer neuen umfassenden Darstellung abgehalten hat. TYLER unterliegt gewissen zeitgebundenen Urteilen; patriotisch-amerikanische und angelsächsisch-protestantische Überzeugungen sind bei ihm virulent. Aber er hat seine Texte sorgfältig und mit außerordentlichem Gespür für das Charakteristische und Bedeutsame gelesen, und in seiner Darstellung werden Gestalten und Welt der Kolonien — TYLERS Darstellung umfaßt auch die anderen Kolonien — in klaren Konturen lebendig. TYLER hat zu so frühem Zeitpunkt schon Literatur als Kultur- und Ideengeschichte geschrieben.

Nur wenige der Gesamt-Literaturgeschichten haben die Puritaner so sorgsam behandelt, daß sie hier Erwähnung verdienen. Unter den frühen Literaturgeschichten zeichnet sich Barrett WENDELLS ›A Literary History of America‹ (New York, 1900) durch Kenntnis des 17. Jahrhunderts aus. Das Standardwerk unserer Zeit, ›The Literary History of the United States‹, ed. Robert E. SPILLER a. o., 2 vols. (New York, 1949—1959) hat nur etwa

dreißig Seiten für die frühen Schriftsteller Neuenglands übrig.
Sie sind von einem vorzüglichen Kenner, Kenneth B. MURDOCK,
geschrieben, der für Arthur Hobson QUINNS ›The Literature of
the American People‹ (New York, 1951) sehr viel ausführlicher
den Teil "The Colonial and Revolutionary Period" (S. 1—171)
schrieb.

Eine willkommene Einführung in die Literatur der amerikanischen Puritaner, die diese in den größeren geistesgeschichtlichen Rahmen stellt, bietet MURDOCK in ›Literature and Theology in Colonial New England‹ (Cambridge, Mass., 1949; Paperback New York, 1963). Im Vergleich mit der englischen Dichtung der Zeit und von den theologischen Grundlagen her erklärt der Vf. das Verhältnis der Puritaner zur Literatur und schildert die Auswirkungen auf die Dichtung sowie auf die historische und persönliche (Biographien, Tagebücher) Literatur.

Es gehört zu den faszinierenden Eigenschaften dieser literarischen Zeugnisse, daß sie eben jenen Umwandlungsprozeß von einem europäischen Lebensgefühl in ein neues aufzeigen, das von der Neuen Welt geformt wird. Damit ist schon etwas von der Komplexität dieser Literatur gesagt. Die amerikanischen Puritaner sind zunächst nonkonformistische Engländer und als solche haben sie Teil an der englischen protestantischen Erfahrung und Literatur, in nicht geringem Maße sogar an der europäisch-protestantischen, insbesondere reformatorischen Literatur. Das bedeutet, daß sie auf CALVINS ›Institutiones‹, aber auch auf englischen puritanischen Theologen wie PERKINS und AMES aufbauen sowie die großen deutschen und Schweizer Protestanten — LUTHER, MELANCHTHON, BULLINGER, BUCER, ZWINGLI u. a. — kennen.[37] FOXES ›Book of Martyrs‹ (London, 1563; mit Erweiterungen 1570, 1576 und 1583)[38] und die große Kompilation der ›Magdeburger Zenturien‹ haben sie mit nach Amerika genom-

---

[37] Vgl. Leonard J. Trinterud, The Origins of Puritanism, *CH* 20 (1951) 37—57.

[38] Über die geistesgeschichtliche Bedeutung von Foxe vgl. William Haller, *Foxe's Book of Martyrs and the Elect Nation* (London, 1963).

men; diese Werke haben ihr Geschichtsbild entscheidend geprägt. Die theologisch-dogmatischen Verbindungen mit den Protestanten in der Alten Welt sind von DEXTER, WALKER und von Perry MILLER in den Bänden ›The New England Mind‹ erhellt worden. Weniger erforscht sind die Einflüsse, die von FOXES ungeheuer populärem ›Book of Martyrs‹ oder vom Geschichtsbild der ›Magdeburger Zenturien‹ auch bei den amerikanischen Puritanern spürbar sind. Eine Bestandsaufnahme Englands zur Zeit der puritanischen Auswanderung — Stände, Berufe, Rechtswesen, Universität, Parlament, Krone und Kirche — vermittelt Wallace NOTESTEIN, ›The English People on the Eve of Colonization, 1603—1630‹ (New York, 1954; Paperback 1962). Die Rolle des puritanischen Glaubens innerhalb der politischen und gesellschaftlichen Situation Englands und ihre gemeinschaftsordnende Dynamik in der Neuen Welt umreißt Alan Simpson in der aus sechs Vorträgen hervorgegangenen Abhandlung ›Puritanism in Old and New England‹ (Chicago, 1955; Paperback 1961).

Unterbelichtet sind auch noch viele Aspekte der Beziehungen zum deutschen Protestantismus. Sie sind Teile der großen protestantischen Geistesverwandtschaft, die auch im 17. Jahrhundert weiterbestand und durch den Gebrauch des Lateinischen begünstigt wurde. Über diese Beziehungen hat für die frühe Zeit sehr summarisch Henry A. POCHMANN, ›German Culture in America. Philosophical and Literary Influences, 1600—1900‹ (Madison, Wisc., 1957) berichtet; sehr viel mehr Information und zahlreiche Hinweise bietet Harold S. JANTZ, ›German Thought and Literature in New England, 1620—1820‹, in: ›Journal of English and German Philosophy‹ 41 (1942) 1—45. JANTZ hat die öffentlichen und privaten Bibliotheken der Kolonialzeit auf ihre Bestände an deutschen Autoren gesichtet und die Kontakte zu deutschen Pietisten und frühen Romantikern skizziert. Neben der reformatorischen bestand für die Neuengländer die humanistische Tradition in Bildung und Literatur fort, die Richard M. GUMMERE, ›The American Colonial Mind and the Classical Tradition. Essays in Comparative Culture‹ (Cambridge, Mass., 1936) erforscht hat. Die gebildeten Neuengländer — und das sind vor allem die Geistlichen — zitierten gern die lateinischen Klassiker und bewiesen so ihre humanistische Bildung. Für die Rechtfertigung und gedankliche Festigung ihrer Situation in der Neuen Welt bedienten sie sich antiker Vorstellungen: z. B. THUKYDIDES' Idee der Kolonie, die dem Mutterland nur Loyalität schuldete, und CICEROS Formulierungen des Naturrechts, die sie mit theologischen Prinzipien verknüpften.

Den größeren Rahmen von Bildung, Erziehung und geistiger Kultur Neuenglands umreißen zwei ältere Darstellungen, die aber noch nicht durch neuere ähnlich umfassende ersetzt worden sind. Thomas G. WRIGHT, ›Literary Culture in Early New England, 1620—1730‹ (New Haven, Conn., 1920; auch Paperback) befaßt sich mit der Rolle des Buches — Lektüre, Druck und Bucheinfuhr in den Kolonien.[39] Samuel E. MORISON, ›The Intellectual Life of Colonial New England‹ (New York, 1956; Paperback 1960), die überarbeitete Fassung von ›The Puritan Pronaos‹ (New York, 1935), bezieht Buch- und Bibliothekswesen, auch Schule, Erziehung, wissenschaftliche Aspirationen, Literatur und Theologie (in den beiden letzten Sparten nicht zuverlässig) mit ein.[40] Seine Forschungen über das Erziehungs- und Bildungswesen hat MORISON in seiner Geschichte der Harvard Universität (s. oben Anm. 14) weiter verfolgt.[41]

2. Historische Literatur: Geschichtsschreibung, Tagebücher, Gesellschaftsordnung

Die historischen Schriften der Puritaner zeichnen in der frühen Zeit, bis etwa zur Mitte des 17. Jahrhunderts, die unmittelbare,

---

[39] Siehe auch Worthington C. Ford, *The Boston Book Market, 1679—1700* (Boston, 1917).

[40] Bücher, die in Neuengland über Handwerk, Gartenbau, Haushalt, Medizin etc. erschienen, stellt Edmund S. Morgan, The Colonial Scene, 1620—1800, *PAAS* N. S. 60 (1950) 53—160 vor.

[41] Das Elementar-Schulbuch, *The New England Primer* wurde von Paul Leicester Ford (New York, 1899) neu herausgegeben.

selbst miterlebte Gegenwart auf; später sind sie historisch im eigentlichen Sinne des Wortes und berichten über die Ereignisse von den Anfängen bis in die eigene Zeit. Dabei ist schon das abfallende Stimmungsbarometer des puritanischen Geschichtsbewußtseins bezeichnet: die späteren Generationen sehen auf die Anfänge als das heroische Zeitalter zurück und beklagen den Abfall, den sie in der eigenen Zeit miterleben. Die Grundlagen ihres außerordentlich wachen Geschichtsbewußtseins aber bleiben die gleichen: sie liegen in der Überzeugung, daß Gott seinen Gläubigen durch Gnade und Strafe deutliche Hinweise gibt. Das gilt ganz besonders für die eigene Geschichte: denn da die Puritaner glauben, daß Gott ihnen den Auftrag zur Gründung einer Gemeinde in der Neuen Welt gegeben hat, ist die Geschichte Neuenglands von besonderer Wichtigkeit. Es ist religiöse Pflicht, diese Geschichte aufzuzeichnen und damit Gottes Führung und Gnadenbeweise der Mitwelt und Nachwelt zu Beherzigung und Lobpreis ins Gedächtnis zu rufen.[42]

Eine eingehende Darstellung der kolonialen historischen Literatur stammt von einem Europäer. Giorgio SPINI, ›Autobiografia della giovane America: La storiografia americana dai Padri Pellegrini all'Independenza‹ (Turin, 1968) vergleicht die amerikanischen mit den europäischen Geschichtsschreibern des 17. Jahrhunderts und arbeitet so das ihnen Charakteristische heraus, das nicht nur in der Besonderheit ihrer Erfahrungen und Überzeugungen, sondern auch in dem ständigen inneren Zwang liegt, ihre neue Existenz zu rechtfertigen. In SPINIS Darstellung wird einsichtig, weshalb die koloniale Geschichtsschreibung Texte geliefert hat, die auch für die heutigen Amerikaner wichtig sind: sie haben eine wichtige Funktion bei der Entwicklung eines amerikanischen historischen Bewußtseins und der nationalen Identität gehabt.[43]

Peter GAY, ›A Loss of Mastery. Puritan Historians in Colonial America‹ (Berkeley, Los Angeles, Calif., 1966) dagegen zeigt

---

[42] Dazu Miller-Johnson *The Puritans* I, 81—90.
[43] *Autobiografia* bringt umfangreiche bibliographische Angaben.

schon im Titel eine negative Note an. GAY, ein Kenner der Renaissance- und Aufklärungszeit, unterscheidet in seiner Diskussion von BRADFORD, Cotton MATHER und EDWARDS zwischen kritischer und mythischer historischer Methode und stellt die Puritaner aufgrund ihrer religiösen Sicht auf die „unhistorische" mythische Seite.[44]

Kürzere Darstellungen der puritanischen Historiographie finden sich in John Franklin JAMESONS frühem ausgezeichneten Leitfaden ›The History of Historical Writing in America‹ (New York, 1891; repr. 1961), in Michael KRAUS, ›The Writing of American History‹ (Norman, Okl., 1953) und in dem Essay von Richard S. DUNN, ›Seventeenth Century English Historians of America‹, in ›Seventeenth Century America: Essays in Colonial History‹, ed. James M. SMITH (Chapel Hill., N. C., 1959) 195 bis 225 (für den Vf. sind die Kolonial-Amerikaner Engländer).

Kenneth MURDOCK hat die geistig-psychologischen Gegebenheiten dieses Genres in dem Aufsatz ›Clio in the Wilderness. History and Biography in Puritan New England‹, CH 24 (1955) 221—238, repr. in EAL 6 (1972) 201—219 beleuchtet. Zu der Bedeutung, die die Biographie im 17. Jahrhundert als exemplifizierte religiöse Erfahrung hat, kommt für die amerikanischen Puritaner die Gefährdung und Einsamkeit ihrer "wilderness condition". Beides wirkt zusammen in der Herausbildung einer biographischen und historischen Literatur, die den Menschen als würdigen Akteur in einem großen Drama der christlichen Geschichte erhöht:

> It may well be that both history and biography were means of making his loneliness in the wilderness, his doubts about his identity and his place in the larger scheme of things, his homesickness for England and Europe, and his uncertainties about the importance of his noble venture and its likelihood of success more bearable for the colonial Puritans than they might otherwise have been. (S. 229)

---

[44] Dazu die längere Besprechung von David Levin, *Hist. T.* 7 (1968) 385—393.

Edward K. TREFZ konzentriert sich in seinem Aufsatz ›The Puritans' View of History‹, in BPLQ 9 (1957) 115—136 (eigentlich ein Kapitel eines größeren ungedruckten Werkes ›A Study of Satan‹) auf die dunklen Aspekte dieser Sicht: Die Andeutung der Offenbarung des Johannes und die Kriege, Epidemien und Naturkatastrophen, die von den Puritanern als Strafgerichte Gottes gedeutet wurden.

William BRADFORD, der Führer und langjährige erste Gouverneur der "Pilgrim Fathers", separatistischer Puritaner, die erst nach Holland und von dort 1620 nach Amerika auswanderten,[45] hat die Geschichte dieser Wanderung und der ersten 26 Jahre der kleinen Kolonie von Plymouth geschrieben. Er stammte wie die meisten seiner Gruppe aus dem Bauernstand (yeoman) und hatte in Holland als Weber gearbeitet. Obwohl ohne Universitätsbildung, hatte er neben Holländisch zum Studium der Bibel Griechisch und Latein gelernt, im Alter bemühte er sich auch noch um das Hebräische. Er war einer der Puritaner der ersten Generation, deren Charakterfestigkeit und Unbeirrbarkeit den Nachgeborenen zum Vorbild wurde, ein ernster Mann, ohne Enge und Eiferertum.[46] Würdige Menschlichkeit und gelassenes Urteil haben sein Werk geprägt. Er schrieb seinen Bericht, den er schlicht ›Of Plimoth Plantation‹ nannte, als leserliches Manuskript; es wurde von vielen späteren Historikern in Neuengland benutzt, ging aber in den Wirren der Unab-

---

[45] Zur Geschichte dieser Gruppe und ihrer sozialen Umstände Henry Martyn Dexter and Morton Dexter, *The England and Holland of the Pilgrims* (Boston, New York, 1906). Die holländischen Jahre behandelt Daniel Plooij, *The Pilgrim Fathers from a Dutch Point of View* (New York, 1932). Siehe auch John Brown, *The Pilgrim Fathers of New England and Their Puritan Successors* (London, 1920; repr. New York, 1970). Eine populäre Darstellung ist George F. Willison, *Saints and Strangers. Being the Lives of the Pilgrim Fathers and Their Families, with Their Friends and Foes* (New York, 1945).

[46] Eine mit erdachten Dialogen ausgeschmückte Biographie stammt von Bradford Smith, *Bradford of Plymouth* (Philadelphia, New York, 1951).

hängigkeit verloren und wurde erst 1855 in England wieder gefunden.⁴⁷ Die Auffindung des verloren geglaubten Werkes war ein nationales Ereignis. Es wurde sogleich in den CMHS, Fourth Series, 3 (1856) veröffentlicht,⁴⁸ das Manuskript wurde nach langen Bemühungen 1897 an den Staat von Massachusetts zurückgegeben.⁴⁹

Bradfords Schilderung der Landung in Amerika ist ein klassischer Text der amerikanischen Literatur,⁵⁰ der in keiner Anthologie fehlt. Bradfords "plaine stile", Ausdruck dieser außerordentlichen Persönlichkeit hat Eugene F. BRADFORD, ›Conscious Art in Bradford's *History of Plymouth Plantation*‹, NEQ 1 (1928) 133—157, untersucht. Alan B. HOWARD, ›Art and History in Bradford's *Of Plymouth Plantation*‹, WMQ 28 (1971) 237—266, entdeckt in BRADFORDS Schilderungen einen induktiven Ansatz: Da stets die Komplexität des menschlichen Charakters und seiner Erfahrungen berücksichtigt wird, ist das Werk nicht puritanisches Vorsehungsepos im üblichen Sinne,

---

⁴⁷ Justin Winsor, The Manuscript of Governor Bradford's *History*, PMHS 19 (Nov. 1881) 106—122.

⁴⁸ Weitere Ausgaben: William T. Davis, *Bradford's History of Plymouth Plantation, 1606—1646, Original Narratives of Early American History* (New York, 1908; repr. 1952) ist nicht ganz vollständig. Eine neue Ausgabe mit „modernem, aber nicht modernisiertem Text" stammt von Samuel E. Morison, *Of Plymouth Plantation, 1620—1647* (New York, 1952).

⁴⁹ Im Jahr zuvor war eine Faksimile-Ausgabe des Manuskripts veröffentlicht worden: *History of the Plymouth Plantation Containing an Account of the Voyage of the Mayflower ... now reproduced in facsimile from the original manuscript*, introd. by John A. Doyle (London, Boston, 1896).

⁵⁰ Das Motiv der Ankunft untersucht Hans Galinsky, Die Ankunft in der Neuen Welt: epische und lyrische Gestaltung einer kolonialen Grundsituation bei William Bradford und Thomas Tillam, *Festschrift für Walter Hübner*, hrsg. Dieter Riesner (Berlin, 1964) 203—226. Vgl. auch Norman Grabo, William Bradford: *Of Plymouth Plantation, Landmarks of American Literature*, ed. Henning Cohen (New York, 1969) 3—19.

sondern ein Bericht, der im Geiste der Nächstenliebe (charity) und des Verstehens die irdischen Geschicke der Kolonie aufzeichnet. Demgegenüber stellt Jesper Rosenmeier ›'With My Owne Eyes': William Bradford's *Of Plymouth Plantation*‹, ›Typology and Early American Literature‹, ed. Sacvan Bercovitch (Amherst, Mass., 1972) 69—105, die typologischen und millenarischen Grundlagen heraus.[51]

William BRADFORD ist wahrscheinlich Autor oder Mit-Autor des Tagebuchs der Überfahrt auf der 'Mayflower' in ›A Relation or Journal of the Beginning and Proceeding of the English Plantation settled at Plymouth in New England‹, das 1622 in London erschien und später den Namen ›Mourt's Relation‹ erhielt.[52] Von ihm stammen einige Gedichte[53] und ein erdachter Dialog, in dem ein älterer Mann aus der Gruppe der Einwanderer einem jungen In-Amerika-Geborenen die Gründe und Umstände der Auswanderung und der Trennung von der englischen Kirche zu erklären sucht — ein erster Versuch, das Generationsproblem am Anfang der amerikanischen Erfahrung zu gestalten: ›A Dialogue, or the Sum of a Conference Between Some Young Men Born in New England and Sundry Ancient Men that came out of Holland and Old England Anno Domini 1648.‹[54] Daß BRADFORDS Schriften noch nicht gesammelt in einer kritischen Ausgabe erschienen sind, ist ein merkwürdiges Versäumnis der Forschung.

---

[51] Kritisch gegenüber Bradford ist Minor W. Major, William Bradford Versus Thomas Morton, *EAL* 5, no. 2 (Fall, 1970) 1—13.

[52] In Alexander Young, *Chronicles of the Pilgrim Fathers* und George B. Cheever, *The Journal of the Pilgrims at Plymouth* (New York, 1848); ed. von Henry Martyn Dexter (Boston, 1865); eine moderne Ausgabe besorgte Dwight B. Heath, *A Journal of the Pilgrims at Plymouth: Mourt's Relation* (New York, 1963).

[53] Verses by Governor William Bradford, *PMHS* 11 (Oct., 1870) 465—482.

[54] Erstmals in Young, *Chronicles* 409—458, dann *PCSM* 22 (1920) 115—141. Ein zweiter Dialog ging verloren, der dritte erschien in *PMHS* 11 (Oct., 1870) 396—464.

Auch der Führer und langjährige erste Gouverneur der zweiten, größeren und wohlhabenderen Gruppe von Einwanderern, der eigentliche Gründer der Massachusetts Bay Colony, John WINTHROP, war ein Mann von ungewöhnlichem Format und hervorragender politischer Begabung. Im Unterschied zu BRADFORD ist er ein Mann von Welt, Sproß einer begüterten Familie des niederen Adels. An der Universität und in der Rechtspflege geschult, hat er bereits in England in verantwortungsvollen öffentlichen Ämtern Erfahrungen gesammelt. Sein Tagebuch, von der Abfahrt nach Neuengland 1630 bis zu seinem Tod 1649 geführt, ist wichtigste Quelle für die frühe Geschichte der Kolonie und ein Dokument puritanischer Staatsleitung und Weltanschauung.

Das Manuskript dieses Tagebuchs hat ebenfalls seine Geschichte; eines seiner drei Bände verbrannte 1825, bevor der Herausgeber, James SAVAGE, seine Abschrift kollationiert hatte.[55] ›John Winthrop. The History of New England‹, ed. James SAVAGE, 2 vols., (Boston, 1853) ist trotz einiger Mängel immer noch die zu benutzende Ausgabe.[56] Das umfangreiche Quellenmaterial der WINTHROP Familie — Dokumente, Korrespondenzen, Schriften — erschien zum größten Teil in den ›Collections‹ der Massachusetts Historical Society, die sie dann in der chronologisch angelegten Sammlung der ›Winthrop Papers‹, 5 vols., (Boston, 1929—1947) zusammenfaßte. Die bisher erschienenen fünf Bände erfassen das Material bis zu WINTHROPS Tod.

Die einzige Biographie WINTHROPS im eigentlichen, ausführ-

---

[55] Malcolm Freiberg, The Winthrops and Their Papers, *PMHS* 80 (1968) 55—70. Vgl. auch Richard S. Dunn, *Puritans and Yankees: The Winthrop Dynasty of New England, 1630—1717* (Princeton, N. J., 1962).

[56] Eine frühere Ausgabe von Savage war 1825—1826 erschienen. In den *Original Narratives* erschien das Werk in modernisierter Orthographie, *Winthrop's Journal "History of New England", 1630—1649*, ed. James K. Hosmer, 2 vols., (New York, 1908; repr. 1953).

lichen Sinne stammt von seinem Nachfahr Robert C. WINTHROP, der uns in der Auseinandersetzung mit Charles Francis ADAMS begegnete,[57] ›The Life and Letters of John Winthrop‹, 2 vols., (Boston, 1864—1867). Ein biographischer Essay findet sich in MORISONS ›Builders of the Bay Colony‹.[58] Edmund S. MORGAN, ›The Puritan Dilemma. The Story of John Winthrop‹ (Boston, 1958)[59] hat ein vorzügliches Beispiel eines Lebensbildes gegeben, in dem die porträtierte Gestalt in den geistigen und sozioökonomischen Zeitzusammenhang gestellt wird. Aus dem Dilemma — "the problem of living in this world without taking his mind off God" (S. 8) — entwickelt der Vf. WINTHROPS Konzeption und Verwirklichung eines puritanischen Staates, in dem sich die Zuerkennung des Wahlrechts aus praktisch-politischer Notwendigkeit und geistig aus den Prinzipien des Covenant ergab.[60]

Loren BARITZ, ›City on a Hill. A History of Ideas and Myths in America‹ (New York, 1964) befaßt sich auch mit WINTHROPS politischen Ideen,[61] während Darrett B. RUTMAN, ›Winthrop's Boston. Portrait of a Puritan Town‹ (Chapel Hill, N. C., 1965) sich auf die Umgestaltung konzentriert, die WINTHROPS Konzeption durch die wirtschaftliche Entwicklung der Kolonie erfährt.[62]

[57] Siehe oben S. 6.

[58] Eine Zusammenfassung bringt Robert C. Raymer, *John Winthrop, Governor of the Company of Massachusetts Bay* (New York, 1963).

[59] Auf welche Weise hier Morgan Millers frühe Forschungen modifiziert, hat David D. Hall im Vorwort zur Paperback-Ausgabe von *Orthodoxy in Massachusetts* (New York, 1970) XX ff. ausgeführt.

[60] Über die politischen Auswirkungen der covenant-Idee vgl. Richard Niebuhr, The Idea of the Covenant and American Democracy, *CH* 23 (1954) 126—135; Gerhard Oesterreich, Die Idee des religiösen Bundes und die Lehre vom Staatsvertrag, *Festschrift für Hans Herzfeld* (Berlin, 1959) 11—32; siehe auch unten Anm. 91.

[61] Vgl. Stanley Gray, The Political Thought of John Winthrop, *NEQ* 3 (1930) 681—705.

[62] Rutman ist einer der Forscher, die Millers geistesgeschichtlicher Perspektive eine Betonung von wirtschaftlichen Gesichtspunkten entgegensetzen.

Eine befriedigende umfassende Darstellung der puritanischen politischen Theorie fehlt bisher; MORGAN hat eine Anthologie programmatischer Schriften ›Puritan Political Ideas 1558—1794‹ (Indianapolis, New York, Kansas City, 1965) zusammengestellt und eingeleitet, in der WINTHROPS Beiträge einen bedeutenden Platz einnehmen.[63] Die Frage, ob der puritanische Staat, wie seine Kritiker behaupten,[64] eine Theokratie gewesen sei, hat Aaron B. SEIDMAN, ›Church and State in the Early Years of the Massachusetts Bay Colony‹, NEQ 18 (1945) 211—233, verneint.[65] B. Katherine BROWN, ›A Note on the Puritan Concept of Aristocracy‹, MVHR 41 (1954) 105—112, untersucht die Begriffe "aristocracy" und "democracy" bei WINTHROP und John COTTON und klärt Mißverständnisse, die dadurch entstanden sind, daß sie nicht mit dem modernen Gebrauch identisch sind.

Die dritte der großen Historien der frühen Zeit ist als erste Geschichte der jungen Gründung unmittelbar nach ihrer Vollendung als ›A History of New England. From the English Planting in the Yeere 1628 untill the Yeere 1652‹ (London, 1654) anonym in England erschienen, und sie war auch zum guten Teil für die englische Leserschaft bestimmt. Als Autor wurde Edward JOHNSON ermittelt, ein Mann aus der puritanischen Mannschaft, Schiffbauer und Milizhauptmann, der sich in vielen Ämtern der Selbstverwaltung bewährte.[66] Ein Mann eher der Praxis als der Feder, der ein Werk von direktem, ungewöhn-

---

[63] Neuerdings auch T. H. Breen, *The Character of the Good Ruler. A Study of Puritan Political Ideas in New England, 1630—1730* (New Haven, Conn., 1970).

[64] So noch Thomas J. Wertenbaker, *The Puritan Oligarchy* (New York, 1947).

[65] Siehe auch Horace E. Ware, Was the Government of the Massachusetts Bay Colony a Theocracy?, *PCSM* 10 (Dec., 1905) 151—180.

[66] Eingehende biographische Information über Johnson sind in Samuel Sewall, *The History of Woburn, Middlesex County, Mass., From the Grant of its Territory to Charlestown, in 1640, to the Year 1860* (Boston, 1868) enthalten und von dort in Alfred Johnson,

lichem Anruf schrieb. Die modernen Ausgaben haben den charakteristisch puritanischen Titel gewählt, der in der ersten Ausgabe als Seitenüberschrift erschien: ›Edward Johnson, Wonder-Working Providence of Sions Savior in New England 1628—1651‹.[67] Während es lange üblich war, in JOHNSON einen engstirnigen, bärbeißigen Puritaner zu sehen, der die Feder wie eine Streitaxt — die Formulierung stammt von TYLER — benutzte, kommen einige kürzlich erschienene Untersuchungen zu einem differenzierteren Ergebnis, das der Vitalität und spröden Eigenwilligkeit des Werkes gerecht zu werden sucht. Sacvan BERCOVITCH, ›The Historiography of Johnson's *Wonder-Working Providence*‹, EIHC 104 (1968) 138—161, untersucht Johnsons Gebrauch der Typologie und findet in der Bildlichkeit des Werkes Verweise auf die große puritanische Geschichtskonzeption. Ursula BRUMM, ›Edward Johnson's *Wonder-Working Providence* and the Puritan Conception of History‹, JA 14 (1969) 140 bis 151, setzt bei JOHNSONS eigenwilligem Gebrauch der Tempora an, um zu zeigen, daß er nicht Geschichte im modernen Sinne schreibt, sondern geschichtliches Handeln als göttlichen Auftrag begreift. Edward J. GALLEGHER, ›An Overview of Edward Johnson's *Wonder-Working Providence*‹, EAL 5, no. 3 (1970/71) 30—49, stellt das Werk in seine zeitlichen und kulturellen Verflechtungen und gelangt ebenfalls zu einer Aufwertung JOHNSONS.

Keine der zahlreichen späteren Geschichtsaufzeichnungen, mit Ausnahme von Cotton MATHERS ›Magnalia‹, erreicht die Bedeutung der drei besprochenen Werke. Die späteren Werke bezeugen zwar, auf mehr oder weniger pedantische Weise, die

---

History and Genealogy of One Line of Descent from Captain Edward Johnson Together with His English Ancestry, 1500—1914 (Boston, 1914) übernommen worden.

[67] Ed. J. Franklin Jameson, *Original Narratives* (New York, 1910, repr. 1952). Der erste Neudruck war in *CMHS*, 2nd series, vols. 2, 3, 4, 7 und 8 (1814—1819) erschienen; dann ed. William F. Poole (Andover, Mass., 1867).

puritanische Auffassung einer gottgelenkten Geschichte, in der Akte von Gottes Vorsehung ("providences") dem Menschen Fingerzeige geben, aber sie sind derivativ im geistigen wie im quellenmäßigen Sinne: BRADFORDS Werk wurde von Nathaniel MORTON für ›New England's Memorial‹ (1669), von William HUBBARD für ›A General History of New England from the Discovery to 1680‹ (Cambridge, Mass., 1815) und Thomas PRINCE, ›Chronological History of New England in the Form of Annals‹ (Boston, 1736)[68] benutzt. HUBBARD stützte sich auf WINTHROPS Tagebücher und MORTON und HUBBARD wiederum waren für alle späteren wichtig. Keines der späteren Werke kann als Ausdruck einer Persönlichkeit oder einer in sprachlicher Form evident gemachten Überzeugung und Weltsicht gelten.

Das gilt viel eher für einige Werke von Feinden und Kritikern der Puritaner, z. B. für Thomas MORTONS Spottschrift ›New English Canaan: or, New Canaan, an Abstract of New England‹ (London, 1632).[69] Mit dem Pelzjäger und Glücksritter MORTON hatten die Puritaner Ärger; BRADFORD hat darüber berichtet.[70] Als eine puritanische Abordnung unter John ENDICOTT den Maibaum niederlegte, um den MORTON und seine Kumpane nach englischer Sitte feierten, da wurde dies von den Zeitgenossen und später von den Dichtern als symbolischer Akt anerkannt.[71] MORTON rächte sich mit einer Streitschrift: in den

[68] Weitere Ausgaben Boston 1826 und 1852.

[69] *The New English Canaan of Thomas Morton, with introductory Matter and Notes,* ed. Charles Francis Adams, Jr. *Publications of the Prince Society* 14 (Bonston, 1883); repr. Burt Franklin: *Research and Source Works Series* 31 (New York, 1967). Adams hat eine über hundert Seiten lange Einleitung und einen ausführlichen Anmerkungsapparat geliefert. Sein Text stammt von einer 1637 in Amsterdam gedruckten Ausgabe.

[70] Siehe oben Anm. 51.

[71] Die bedeutendste dichterische Gestaltung dieses Ereignisses ist Nathaniel Hawthorne, The Maypole of Merry Mount (1835). Siehe auch Richard Clarke Sterne, Puritans at Merry Mount, Variations on a Theme, *AQ* 22 (1970) 846—858.

ersten zwei Büchern von ›New English Canaan‹ beschreibt er das Land und die Indianer; im dritten Band nimmt er sich seine puritanischen Landsleute vor, die er mit mythischen, literarischen und historischen Vergleichen und einer ausgesprochenen Begabung für komische Wirkungen verspottet.[72] Die Geschichte von Thomas MORTON ist von Charles Francis ADAMS [73] und von Charles E. BANKS [74] dargestellt worden. Ein Band der ›Twayne United States Authors‹-Serie: Donald F. CONNORS, ›Thomas Morton‹ (New York, 1969) geht über die Ergebnisse von BANKS kaum hinaus. Der Vf. fügt einen paraphrasierenden Kommentar des Werkes hinzu, ohne jedoch in der stilistischen oder inhaltlichen Analyse Neues zu bieten.[75] Eine ernsthafte Kritik der puritanischen Kirchen- und Rechtsordnung unternahm der Jurist Thomas LECHFORD in ›Plain Dealing: or, Newes from New England‹ (London, 1642)[76]. Eine anti-puritanische Schrift war auch John CLARK, ›Ill Newes from New-England‹ (1652).[77]

Eine besondere Form erlebter Geschichte sind schließlich die "Captivity Narratives". In den Auseinandersetzungen mit den

---

[72] William P. Holden, *Anti-Puritan Satire, 1572—1642* (New Haven, Conn., 1954) befaßt sich zwar nicht mit Satiren über die amerikanischen Puritaner, bringt aber interessantes Vergleichsmaterial.

[73] Charles F. Adams, The May-Pole of Merrymount, *Atl.* 39 (1877) 557—567; 686—697 (eine gekürzte Fassung der Einleitung zu seiner Ausgabe von *New English Canaan*); derselbe, *Three Episodes of Massachusetts History* hat die Geschichte der Morton-Ansiedlung als erste seiner drei Episoden dargestellt.

[74] Charles E. Banks, Thomas Morton of Merry Mount, *PMHS* 58 (Dec., 1924) 147—193; 59 (Nov., 1925) 92—95 trägt Einzelheiten der Familiengeschichte und Jugend nach.

[75] Vgl. Robert D. Arner, Mythology and the Maypole of Merrymount: Some Notes on Thomas Morton's 'Rise Oedipus', *EAL* 6, no. 2 (1971) 156—164.

[76] Nachgedruckt in *CMHS*, 3rd series 3 (1833) 55—128; außerdem ed. J. Hammond Trumbull in *Library of New England History* 4 (Boston, 1867); neuerdings introd. Darrett B. Rutman (New York, 1969).

[77] *CMHS*, 4th series 2 (1854) 1—113.

Indianern — über die Alden T. Vaughan, ›New England Frontier: Puritans and Indians. 1620—1675‹ (Boston, Toronto, 1965) berichtet — vor allem im King Philip's War (1675), kam es vor, daß Siedler von den Indianern gefangen genommen wurden und kürzere oder längere Zeit mit ihnen lebten. Einige von denen, die befreit oder freigelassen wurden, haben ihre Erlebnisse aufgezeichnet, und diese Form des Erlebnisberichts wurde für die amerikanische Literatur wichtig. Wohl der eindrucksvollste Bericht stammt von Mrs. Mary ROWLANDSON, die ihre Erzählung mit vielen Bibelzitaten schmückt (sie hatte eine Bibel bei sich) und ihre Leiden als die Prüfungen einer Pilgerschaft begreift.[78] Das Material der "Captivity Narratives" ist bisher unzureichend herausgegeben und erforscht worden.[79] Howard H. PECKHAM, ›Captured by Indians. True Tales of Pioneer Survivors‹ (New Brunswick, N. J., 1954) hat für eine breite Leserschaft 14 ausgewählte Berichte — die meisten aus nicht puritanischem Bereich — gekürzt nacherzählt.[80]

---

[78] Ihr Bericht hat den kennzeichnenden Titel *The Soveraignty & Goodness of God, Together with the Faithfulness of His Promises Displayed; Being A Narrative of the Captivity and Restauration of Mrs. Mary Rowlandson* (Cambridge, Mass., 1682). Eine zweite verbesserte Ausgabe erschien schon im gleichen Jahr. Im Ganzen gibt es etwa 30 Ausgaben bzw. Neudrucke. Ein moderner Nachdruck ist *The Narrative of the Captivity and Restauration of Mrs. Mary Rowlandson, first published 1682 at Cambridge, Massachusetts and London, England* (Boston, 1930). In gekürzter Form ist der Bericht in vielen Anthologien enthalten. Die Bildlichkeit in diesem Bericht untersucht Paola Cabibbo, Mary Rowlandson, prigioniera degli indiani, *Studi Americani* 13 (1967) 7—36.

[79] Vgl. aber Roy Harvey Pearce, The Significance of the Captivity Narrative, *AL* 19 (1947) 1—20; Phillips D. Carleton, The Indian Captivity, *AL* 15 (1943) 169—180; Marius Barbeau, Indian Captivities, *PAPS* 94 (1950) 522—548; und Richard Vanderbeets, The Indian Captivity Narrative as Ritual, *AL* 43 (Jan., 1972) 548—562.

[80] Eine bedeutende Sammlung dieser Berichte (vgl. Peckham S. IX) befindet sich in der "Newberry Library" in Chicago.

3. Mensch und Gott: die religiöse Literatur

Der Wille zur Auswanderung, oder sogar der Zwang dazu, und zur Gründung einer Kolonie in der Neuen Welt kam bei den Gründungsvätern von Neuengland vor allem aus einem religiösen Antrieb. Sie waren englische Protestanten, denen die unter ELIZABETH vorsichtig vollzogene Reformation nicht konsequent und weitgehend genug war. Ihre religiösen Überzeugungen entsprachen denen des Calvinismus, und sie wandten sich scharf gegen alles, was sie als Relikte des katholischen Ritus oder heidnischer Vorstellungen in der englischen Kirche ansahen: gegen kirchliche Feste wie Ostern oder Weihnachten, Ausschmückung des Gottesdienstes durch Instrumentalmusik, rituelle Gewänder, Gegenstände oder Gebärden; als extreme Puristen lehnten sie alle religiösen Symbole ohne ausdrückliche biblische Legitimation, also auch den symbolischen Gebrauch des Kreuzes ab. Ihre Proteste richteten sich auch gegen die hierarchische Gliederung der englischen Kirche und führten unter ELIZABETHS Nachfolgern zu Absetzungen, Amtsverboten und Verfolgungen von puritanischen Geistlichen. So fanden sich Gruppen von Puritanern zur Auswanderung nach Amerika zusammen, wo man entschlossen war, ein christliches Gemeinwesen nach den von Gott in der Bibel und im Beispiel der Urkirche gegebenen Modellen zu errichten: "a city on a hill", die als ein Vorbild für die weiterzuführende Reformation erstrahlen sollte.

Formen und Äußerungen der Kultur und Gesellschaft Neuenglands im 17. Jahrhundert sind daher in den Überzeugungen des puritanischen Glaubens begründet und ohne diesen nicht zu verstehen. Das bedeutet nicht, daß die Gegebenheiten des Landes, der Wirtschaft und des Handels oder der politischen Verflechtungen für die Entwicklung der jungen Kolonie ohne Bedeutung gewesen wären[81], sondern vielmehr, daß die geistige

---

[81] Puritanische Vorstellungen von Geschäftsmoral und gerechtem Preis stießen bald mit wirtschaftlichen Motiven zusammen. Der erfolgreiche Kaufmann Robert Keayne verteidigte sich in seinem Testament

Bewältigung dieser Gegebenheiten in den Denkformen des puritanischen Glaubens geschah, aus denen auch die Definitionen von Staat, Kirche, Gesellschaftsordnung, Familie [82], Bildung und Literatur erarbeitet wurden.

Mit ihren Glaubensvorstellungen stehen die amerikanischen Puritaner in der größeren Gemeinschaft der protestantischreformierten Kirchen sowohl auf den britischen Inseln wie auf dem Kontinent.[83] Ihre provinzielle Abgeschlossenheit und Entfernung barg Probleme, ermöglichte andererseits aber auch die

gegen die Vorwürfe, die in diesem Sinne gegen ihn erhoben worden waren: *The Apologia of Robert Keayne, The Self-Portrait of a Puritan Merchant,* ed. Bernard Bailyn, PCSM 42 (Dec., 1954) 243—341 und als Paperback (New York, 1965). Vgl. auch Bernard Bailyn, *The New England Merchants in the Seventeenth Century* (Cambridge, Mass., 1955). Über die fortschreitende Kommerzialisierung der puritanischen Kolonie siehe auch Rutman, *Winthrop's Boston.*

[82] Edmund S. Morgan, *The Puritan Family. Religion and Domestic Relations in Seventeenth-Century New England* (Boston, 1944; erweitert und durchgesehen als Paperback, New York, 1966). Während Morgan literarische Quellen benutzt, stützt sich John Demos, *A Little Common Wealth. Family Life in Plymouth Colony* (New York, 1970) vornehmlich auf Akten, Testamente, Inventorien und auf Angaben über Häuser, Möbel, Werkzeuge. Eine kulturhistorisch erzählende Darstellung gibt George Francis Dow, *Domestic Life in New England in the Seventeenth Century* (Topsfield, Mass., 1925; New York, 1970).

[83] Vgl. dazu die oben S. 22 f. genannten Werke. — Außerdem Darrett B. Rutman, *American Puritanism. Faith and Practice* (Philadelphia, New York, 1970). Karl Lang, *Puritanismus und Pietismus* (Neukirchen, 1941) untersucht Einflüsse von Martin Bucer auf die englischen Puritaner; vgl. auch Karl Reuter, *Wilhelm Amesius, der führende Theologe des erwachenden reformierten Pietismus* (Moers, 1940). Mit den Auswirkungen auf Gesellschaft, Wirtschaftstheorie, Recht, Politisches Denken, Ehe, Kirchenverfassung beschäftigt sich Charles H. George and Katherine George, *The Protestant Mind of the English Reformation, 1570—1640* (Princeton, N. J., 1961). Vgl. auch Stephen Foster, *Their Solitary Way. The Puritan Social Ethic in the First Century of Settlement in New England* (New Haven, London, 1971).

Errichtung eines Gemeinwesens nach puritanischen Prinzipien und machte damit das frühe Neuengland zu einem Exempel von verwirklichtem Puritanismus. Staat und Gesellschaft, Lebensform und Literatur der amerikanischen Puritaner sind durch diesen exemplarischen Charakter wichtig, wobei auch die von ihnen unter den Gegebenheiten ihrer Situation entwickelten Besonderheiten interessant sind.[84] Beides, das Allgemein-Puritanische wie das ihnen Eigentümliche haben Grundlagen für die amerikanische Entwicklung gelegt und wirken in ihnen weiter.[85]

Der Glaube der Puritaner beruht auf der sehr ernst genommenen und streng durchdachten protestantischen Überzeugung, daß wahrhaftiger Glaube, d. h. "saving faith", der Glaube, der selig macht, ein Geschenk der göttlichen Gnade ist und durch menschliche Kräfte allein nicht errungen werden kann. Denn Glaube besteht in einer Erkenntnis (knowledge) Gottes und verlangt daher das Mitwirken Gottes durch den Heiligen Geist; er erfaßt den ganzen Menschen und alle seine Kräfte — Geist, Gemüt und Willen. Dieser Glaube wird von dem Menschen in einem überwältigenden Erlebnis, der Wiedergeburt, erfahren, auf das er sich bis zu einem gewissen Grade vorbereiten kann und muß, das er aber durch seinen eigenen Willen und sein

---

[84] Besonders geschätzt wurde von den amerikanischen Puritanern William Ames' *The Marrow of Sacred Divinity* (London, [1638?]); neu übersetzt und herausgegeben als *The Marrow of Theology* von John D. Eusden (Boston, 1968). Vgl. auch Douglas Horton, *William Ames* (Cambridge, Mass., 1965).

[85] Dazu Frank Hugh Foster, *A Genetic History of New England Theology* (Chicago, 1907; repr. New York, 1963); Williston Walker, *A History of the Congregational Church in the United States* (New York, 1894), dazu Jane H. Pease, On Interpreting Puritan History: Williston Walker and the Limitations of the Nineteenth-Century View, *NEQ* 42 (1969) 232—252 sowie Henry Martyn Dexter, *The Congregationalism of the Last Three Hundred Years*, 2 vols. (New York, 1880, 1970). Über Gemeinsamkeiten und Unterschiede vgl. John F. H. New, *Anglican and Puritan, 1558—1640* (Stanford, Calif., 1964).

eigenes Tun nicht herbeiführen kann. Dies ist, was das vielfach mißverstandene Problem der beschränkten Willensfreiheit besagt: das menschliche Geschlecht ist durch Adams Fall unfähig geworden, sein Heil zu erwirken. Seine Natur ist durch die Erbsünde des Ungehorsams (original sin) verderbt (natural depravity): nur durch die mit Christi Opfertod erwirkte Gnade (grace) können einige von Anfang an Auserwählte (elect) errettet werden.

Die Puritaner begriffen dies im Rahmen ihrer bundestheologischen Vorstellungen: Gott habe zuerst mit Adam einen Bund geschlossen, den "covenant of works", den Adam gebrochen habe; daraufhin habe Gott mit einigen seiner Erwählten noch einmal Bünde geschlossen (so z. B. mit Abraham und seinem Samen, mit Noah und anderen Auserwählten des Alten Testaments), die Vorausdeutung auf den Gnadenbund sind, für den Christus sein Leben gelassen hat ("covenant of grace"). Die Auswahl der Erwählten geschieht aus Gottes unergründlichem Ratschluß (providence) und ist keinesfalls bedingt durch Taten oder Verdienste des Erwählten, wenn auch im allgemeinen angenommen werden kann, daß die Wahl auf Menschen trifft, deren Würdigkeit erkennbar ist. Die Vorstellung jedoch, daß der Mensch durch seinen Willen etwas an der Vorherbestimmung Gottes ändern könne oder daß die Gnade für alle zur Verfügung stehe, wurde als Verletzung der Allmacht Gottes abgewiesen und als „Arminianismus" (nach dem holländischen Geistlichen Jacobus Arminius, dessen Ansichten auf der Synode von Dortrecht 1619 verurteilt wurden; es ist die alte Heresie des Pelagius) bekämpft. Dennoch war man überzeugt, daß alle Kräfte des Erwählten auf seinen Gnadenstand ausgerichtet sein müßten und legte deshalb auch das Erlebnis der Wiedergeburt in seinen einzelnen Komponenten und Phasen so genau wie möglich fest. Danach geschieht die Ablösung aus dem Sündenstand in den drei wesentlichen Stationen von "Justification" (Rechtfertigung), "Sanctification" (Heiligung) und "Regeneration" (Wiedergeburt). Trotz aller Bemühungen um intellektuelle Klarheit über dieses seiner Natur nach übernatürliche Geschehen ergaben sich aber auch hier Gefahren von Heresie, in diesem Fall durch mystisch-schwärmerische Strömungen (in puritanischer Terminologie "Enthusiasm"). Sie führten zu einer Krise, als Anne HUTCHINSON im Sinne der Antinomiker das Einströmen des Heiligen Geistes im Prozeß der Wiedergeburt und die Aufnahme in den "Covenant of grace" als eine den Menschen völlig verändernde, ihn über seine sittlich-gesetzlichen Bindungen hinaushebende Umwandlung begriff.

Ihre Glaubensdefinitionen haben die amerikanischen Puritaner mit den englischen gemeinsam: sie haben 1648 die kurz zuvor in der Zusammenkunft von Westminster erarbeiteten Formulierungen mit geringfügigen Änderungen als ihre "Platform" übernommen.[86] In ihrer Kirchenordnung aber sind sie eigene Wege gegangen, die recht verschlungene Rechtfertigungen nötig machten.[87] Vor allem ist es ihnen schwergefallen zu erklären, wie sie als Kongregationalisten dennoch der Kirche von England angehören konnten. Die Puritaner von Massachusetts Bay gründeten einzelne, unabhängige und keiner höheren weltlichen oder geistlichen Autorität unterworfene Gemeinden (congregations) und sahen in ihnen die echten Nachfolger der Urkirche; aber sie wollten im Gegensatz zu der Plymouth-Gruppe nicht als Separatisten gelten.[88] Mitglied im vollen Sinne und mit vollen Rechten konnte in diesen Kirchen nur der Gläubige werden, der seinen Gnadenstand durch das der Ge-

---

[86] Williston Walker, *The Creeds and Platforms of Congregationalism* (New York, 1893; repr. 1960) hat diese und verwandte Dokumente abgedruckt und mit souveräner Kenntnis kommentiert.

[87] Darüber und über die Entwicklung einer eigenen Rechtsordnung George Lee Haskins, *Law and Authority in Early Massachusetts. A Study in Tradition and Design* (New York, 1960; repr. Hamden, Conn., 1968).

[88] Die Gründungsgeschichte der einzelnen Kirchen in Massachusetts hat als Zeitgenosse Edward Johnson in *Wonder-Working Providence* geschildert. Wie diese Kirchenordnung im praktischen Leben funktionierte, schildert anschaulich Ola Winslow, *Meetinghouse Hill, 1630—1783* (New York, 1952).

meinde vorgetragene Erlebnis der Wiedergeburt glaubhaft machen konnte, also derjenige, der sich durch Gottes Gnade zum Glauben berufen fühlte.[89] Die „Erwählten" (saints) betrachteten sich als Mitglieder des "covenant of grace" und als solche als Angehörige des „auserwählten Volk Gottes".

Die Idee des Bundes, die sie aus den Bünden des Alten Testaments ableiteten, haben die amerikanischen Puritaner besonders intensiv ausgestaltet.[90] In Zusammenhang mit ihr steht der Kirchenbegriff — jede Kirche wird durch einen "covenant" der Gläubigen gegründet — und die auf die Teilhaber des "covenant", die Erwählten, beschränkte Mitgliedschaft, durch die diese kongregationalistischen Kirchen dem Ideal der reinen „unsichtbaren" Kirche der wahrhaft Gläubigen so weit wie möglich angenähert werden sollten.[91]

---

[89] Die Probleme der Wiedergeburt, insbesondere wie der Mensch sich für diese Gnade vorbereiten konnte, ohne in die Heresie zu verfallen, durch seine Vorbereitungen etwas zu erwirken, erörtert Norman Pettit, *The Heart Prepared: Grace and Conversion in Puritan Spiritual Life* (New Haven, Conn., 1966). Siehe auch Howard M. Feinstein, The Prepared Heart: A Comparative Study in Puritan Theology and Psychoanalysis, *AQ* 22 (1970) 166—176.

[90] Die geistige Herkunft und Entwicklung dieses Kirchenbegriffs und seine theoretischen und praktischen Konsequenzen hat Edmund S. Morgan, *Visible Saints. The History of a Puritan Idea* (New York, 1963) dargestellt; er hat mit diesem wichtigen Buch auch gewisse Korrekturen an Perry Millers *Orthodoxy in Massachusetts* angebracht, s. o. S. 12, 37. Eine populäre Darstellung ist Marion L. Starkey, *The Congregational Way. The Role of the Pilgrims and their Heirs in Shaping America* (Garden City, N. Y., 1966).

[91] Mit der Bedeutung des "covenant" hat sich Miller, vor allem in *Orthodoxy in Massachusetts, The New England Mind* und in dem Aufsatz: The Marrow of Puritan Divinity beschäftigt. Vgl. auch Leonard J. Trinterud, The Origins of Puritanism, *CH* 20 (1951) 37—57; Everett H. Emerson, Calvin and Covenant Theology, *CH* 25 (1956) 136—144; Jens Møller, The Beginnings of Puritan Covenant Theology, *The Journal of Ecclesiastical History* 14 (1963) 46—67. Über die politische Bedeutung des "covenant" siehe auch oben Anm. 60.

Schon bald nach der Niederlassung in Amerika war Gelegenheit, die besondere Kirchen- und Gesellschaftsform sowie deren dogmatische Grundlagen Freunden zu erklären oder gegen Kritiker zu verteidigen. Auf Anfrage reformierter Glaubensgenossen auf der Westminstersynode schrieb John NORTON seine „Antwort", eine bestechend klare Darlegung der kongregationalistischen Glaubensprinzipien und ihrer praktischen Auswirkungen.[92] Aus ähnlichem Anlaß erschienen auch Thomas HOOKERS ›A Survey of the Summe of Church Discipline‹ (London, 1648) und John COTTONS ›The Way of Congregational Churches Cleared‹ (London, 1648).[93]

Eine dieser Auswirkungen war die Tatsache, daß in Neuengland ein großer Teil der Bevölkerung von der Kirchenmitgliedschaft ausgeschlossen war und, wie sich die Kritiker erbosten, wie ungetaufte Heiden herumliefen. Die hohen Anforderungen für volle Kirchenzugehörigkeit brachten bald die eigene Sache in Gefahr. Zwar wurden die Kinder der Mitglieder in Erwartung späterer Wiedergeburt getauft — dies war auch eine Hoffnung, die sich aus dem "covenant" ergab, den Gott ja mit „Abraham und seinem Samen" geschlossen hatte — aber oft hatten diese Kinder selber Nachkommen, ohne volle Kirchenmitgliedschaft errungen zu haben. So wurde nach langen Auseinandersetzungen 1662 mit dem "Half-Way Covenant" auch diesen die gleiche Behandlung gewährt.[94]

---

[92] Von Nortons Schrift, die in der Forschung bisher noch wenig Aufmerksamkeit gefunden hat, liegt seit 1958 eine Übersetzung aus dem lateinischen Original vor: *The Answer to the Whole Set of Questions of the Celebrated Mr. William Appolonius, Pastor of the Church of Middelbury, Looking toward the Resolution of Certain Controversies Concerning Church Government Now Being Agitated in England;* transl. Douglas Horton (Cambridge, Mass., 1958).

[93] Siehe unten S. 54 und 56.

[94] Darüber Miller in *New England Mind. From Colony to Province* und Morgan, *Visible Saints*. Robert G. Pope, *The Half-Way Covenant. Church Membership in Puritan New England* (Princeton, N. J., 1969) weist aufgrund von statistischen Untersuchungen den „Mythos" des

Zu den charakteristischen Zügen der puritanischen Weltsicht gehört die religiöse Typologie, eine Interpretationsweise der Bibel, die Personen, Ereignisse und Dinge des Alten Testaments als Vorausdeutungen von Christi Heilswirken begreift. Diese von Paulus begründete und im Mittelalter ausgiebig praktizierte Denkweise erlebte im 17. Jahrhundert eine Wiederbelebung, an der auch Neuengland teilnahm. Samuel MATHER, ein Onkel Cotton MATHERS, veröffentlichte eine Systematik der Typologie ›The Figures or Types of the Old Testament‹ (London, 1673; ed. Mason I. Lowance, Jr., New York, 1969). Perry MILLER hat in Einleitungen von Ausgaben zu Roger WILLIAMS und Jonathan EDWARDS auf das Vorkommen der Typologie in Neuengland hingewiesen;[95] Ursula BRUMM, ›Die religiöse Typologie im amerikanischen Denken. Ihre Bedeutung für die amerikanische Literatur- und Geistesgeschichte‹ (Leiden, 1963), zeigte die typologische Praxis bei Cotton MATHER, Edward TAYLOR, Jonathan EDWARDS u. a. auf, und wies auf Verbindungen hin, die zum Symbolismus von Dichtern wie EMERSON, HAWTHORNE, MELVILLE und FAULKNER führen.[96] Das Frühjahrsheft 1970 von EAL enthält als "Special Typology Issue" Arbeiten über Roger WILLIAMS, Edward TAYLOR, Jonathan EDWARDS und über die exegetische Tradition der Typologie.[97] Sacvan BERCOVITCH, der dieses Heft betreute,[98] stellte in einem Beiheft eine allgemeine,

---

Niedergangs zurück. Über die geistigen Ahnen der weiteren Liberalisierung vgl. E. Brooks Holifield, The Intellectual Sources of Stoddardeanism, *NEQ* 45 (1972) 373—392.

[95] Insbesondere zu vol. 7, *The Complete Writings of Roger Williams* (New York, 1963) und zu Jonathan Edwards, *Images and Shadows of Divine Things* (New Haven, Conn., 1948).

[96] In englischer Übersetzung als *American Thought and Religious Typology* (New Brunswick, N. J., 1970).

[97] Über Typology bei einzelnen Autoren siehe dort.

[98] Diese Aufsätze, um einige weitere vermehrt und mit erweiterter Bibliographie, sind 1972 von der University of Massachusetts Press als Buch herausgebracht worden: *Typology and Early American Literature*, ed. Sacvan Bercovitch.

nicht auf die Puritaner beschränkte Bibliographie ›Selective Check-List on Typology‹, EAL 5, no. 1, part 2 (1970) zusammen, die 1971 mit einem Beiheft zu EAL 6, no. 2 fortgesetzt wurde.[99]

Der Geistliche im puritanischen Amerika ist nicht nur Seelsorger und Hirte, sondern mehr als in jeder anderen protestantischen Gemeinde der intellektuelle Führer: Die bedeutenderen Kirchen Neuenglands trugen diesen Anforderungen Rechnung, indem sie zwei Geistliche bestellten, einen für das Amt des Pastors, den anderen als "teacher". Aufgabe des letzteren war es, in Predigten und Schriften die Fragen des Glaubens in ihren theologischen wie den praktischen Dimensionen zu klären.[100] Von ihren Kanzel-Stars erwarteten die Puritaner, daß sie ihnen die Wahrheiten des Glaubens und auch die diffizilen Zusammenhänge der Dogmatik in "plain style", d. h. in einfachen Sätzen und anschaulichen, allgemeinverständlichen Bildern begreiflich machten. Besonders anspruchsvolle theologische Probleme wurden meist in den Donnerstagspredigten abgehandelt, also an einem Werktag, so daß auch Kollegen beiwohnen konnten. Zyklen von Predigten ergaben theologische Werke; so hat z. B. John COTTON systematische Interpretationen des Hohen Lieds unternommen. Von Edward TAYLOR haben wir von seinen Abendmahlspredigten die ›Christographia‹[101] erhalten, nämlich

[99] Vgl. auch unten die in Anm. 131 zu Roger Williams genannten letzten drei Arbeiten.

[100] Zur Theorie und Praxis der puritanischen Predigt vgl. Caroline Francis Richardson, *English Preachers and Preaching, 1640—1670. A Secular Study* (London, 1928). Die Vf. konzentriert sich auf Ausbildung, Hilfsmittel und Verhältnis zu Zuhörerschaft. Ferner W. Fraser Mitchell, *English Pulpit Oratory from Andrewes to Tillotson. A Study of its Literary Aspects* (London, 1932). Mit Inhalt und Form der Predigten befaßt sich Babette May Levy, *Preaching in the First Half Century of New England History* (Hartford, Conn., 1945, 2nd ed. New York, 1967). Über religiöse Literatur Helen C. White, *English Devotional Literature, 1600—1640* (Madison, Wis., 1931).

[101] *Edward Taylor's Christographia*, ed. Norman S. Grabo (New Haven, Conn., 1962).

die Predigten, die sich mit der menschlich-göttlichen Doppelnatur Christi befassen. Samuel WILLARD brachte es zu einer puritanischen „Summa": ›A Compleat Body of Divinity, in Two Hundred and Fifty Expository Lectures on the Assembly s Shorter Catechism‹ (Boston, 1726; repr. New York, London, 1969).[102] Eine besondere Rolle spielen die "Election Sermons" im öffentlichen Leben Neuenglands. In diesen zu Wahltagen gehaltenen Predigten wurden Staatstheorie — z. B. die Auslegung des "covenant" — und Staatspraxis, der Mythos und die ihm oft nicht mehr entsprechende Realität beschworen.[103] Über die in "Election Sermons" und anderen Predigten sich herausbildende Tradition der "Jeremiade" hat Perry MILLER in ›The New England Mind. From Colony to Province‹ geschrieben. Dazu neuerdings die interessante und ungeheuer kenntnisreiche Modifikation von Sacvan BERCOVITCH, ›Horologicals to Chronometricals: The Rhetoric of the Jeremiad‹, ›Literary Monographs‹, vol. 3, ed. Eric Rothstein (Madison, Wis., 1970) 1—124; 187 bis 215, die die Doppelwertigkeit von Klage und Hoffnung in ihnen nachweist. David Minter stellt die Jeremiade in die Tradition der amerikanischen Literatur: ›The Puritan Jeremiad as a Literary Form‹, ›The Interpreted Design as a Structural Principle in American Prose‹ (New Haven, Conn., 1969) 50—68. Trotz der Ängste um den nicht erfüllten Bund ist der millenarische Glaube bei den amerikanischen Puritanern weit verbreitet; ›Puritans, The Millenium, and the Future of Israel: Puritan

---

[102] Über die Rolle Satans in der puritanischen Predigt hat Edward K. Trefz zwei Aufsätze veröffentlicht: Satan as the Prince of Evil. The Preaching of New England Puritans, *BPLQ* 7 (1955) 3—22, und: Satan in Puritan Preaching, ebenda 8 (1956) 71—84.

[103] Vgl. Arthur W. Plumstead, *The Wall and the Garden. Selected Massachusetts Election Sermons 1670—1775* (Minneapolis, 1968) und Plumsteads Einleitung darin sowie die ältere Arbeit von Lindsay Swift, The Massachusetts Election Sermons, *PCSM* 1 (Dec. 1894) 388 bis 451. John G. Buchanan, Puritan Philosophy of History from Restoration to Revolution, *EIHC* 104 (1968) 329—348 analysiert ebenfalls Wahlpredigten.

Eschatology 1600—1660‹, ed. Peter Toon (Cambridge, Mass., 1970) untersucht die Anfänge dieser Vorstellungen, deren Nachwirkungen von Ernest Lee Tuveson, ›Redeemer Nation: The Idea of America's Millenial Role‹ (Chicago, 1968) bis ins 20. Jahrhundert verfolgt werden.

Unter den Prediger-Theologen der Einwanderergeneration ragen drei Persönlichkeiten von besonderem Format heraus, die alle durch ihr Wirken und ihre Schriften eine hervorragende Rolle in Neuengland spielten: Thomas SHEPARD, Thomas HOOKER und John COTTON. Jeder von ihnen ist in der ›Magnalia‹ mit einer 'vita' vertreten, für die Cotton MATHER, wie für seine übrigen Lebensbilder, heute teilweise verlorene Quellen zur Verfügung standen.[104] Die Autobiographie von Thomas SHEPARD ist erhalten;[105] ihr Höhepunkt ist der Bericht über die Vorladung vor Erzbischof LAUD, den Erzfeind der Puritaner. Thomas SHEPARDS Beredsamkeit wurde von den Zeitgenossen als "soul ravishing" apostrophiert. Seine Schriften, besonders ›The Sincere Convert‹ (Cambridge, Mass., 1641), waren über seinen Tod hinaus populär, sie wurden im 19. Jahrhundert gesammelt herausgegeben.[106] Von der neueren Forschung ist SHEPARD jedoch eher weniger beachtet worden als seine Kollegen.[107]

[104] Siehe unten S. 70. Vorzügliche Porträts von Persönlichkeit und Werk hat Tyler für diese und andere Puritaner in seiner Literaturgeschichte gegeben.

[105] Sie ist in Young, *Chronicles* und in *PCSM* 27, 1927—1930 (1932) 343—400, erschienen. Eine neue Ausgabe ist *God's Plot: The Paradoxes of Puritan Piety, Being the Autobiography and Journal of Thomas Shepard*, ed. Michael McGiffert (Amherst, Mass., 1972).

[106] *The Works of Thomas Shepard, with a Memoir of His Life and Character*, ed. John A. Albro, 3 vols. (Boston, 1853); die darin enthaltene Biographie Shepards von Albro war separat schon 1847 in Boston erschienen. Eine kurze Biographie findet sich in Morisons *Builders*.

[107] Zwei ältere Aufsätze von Andrew M. Davis, A Few Words About the Writings of Thomas Shepard, *PCHS* 3 (1908) 79—89, und: Hints of Contemporary Life in the Writings of Thomas Shepard,

Thomas HOOKER,[108] der mit seinen Anhängern die Connecticut Kolonie gründete, war einer der machtvollsten Prediger Neuenglands.[109] Er erstellte in strenger logischer Ableitung das Gebäude der kongregationalistischen Kirchenkonzeption: ›A Survey of the Summe of Church Discipline‹ (London, 1648) und diskutierte darin die theologischen und praktischen Probleme sowie die theologisch-philosophische Auffassung von Recht, Vernunft, Natur. PARRINGTONS Auffassung, daß HOOKER "demokratischer" gewesen sei als seine Kollegen, hat Perry MILLER in einer seiner ersten Arbeiten angegriffen.[110] Neuerdings haben sowohl die literarischen[111] wie die theologischen[112] Aspekte in HOOKERS Schriften Aufmerksamkeit erregt.

PCSM 12 (Apr., 1908) 136—162. Zur Rolle Shepards in der Antinomisten-Krise vgl. Jesper Rosenmeier, New England's Perfection: The Image of Adam and the Image of Christ in the Antinomian Crisis, 1634—1638, WMQ 27 (1970) 435—459.

[108] Eine ältere Biographie ist G. L. Walker, *Thomas Hooker, Preacher, Founder, Democrat* (New York, 1891).

[109] Von den im 17. Jahrhundert gedruckten Predigten sind neu herausgegeben: *Thomas Hooker, Redemption: The Three Sermons*, ed. Everett H. Emerson (Gainsville, Florida, 1956). Hookers Abschiedspredigt — einige dieser Predigten wurden berühmt als programmatische Äußerungen zur Auswanderung — kommentiert Edwin D. Mead, Thomas Hooker's Farewell Sermon in England, PMHS 46 (Jan., 1913) 253—274. Vgl. auch Alfred Habegger, Preparing the Soul für Christ: the Contrasting Sermon Forms of John Cotton and Thomas Hooker, AL 41 (1969) 342—354.

[110] Thomas Hooker and the Democracy of Connecticut, NEQ 4 (1931) 663—712; repr. in *Errand Into the Wilderness*, 16—47. Eine Stellung zwischen den Positionen nimmt Clinton Rossiter, Thomas Hooker, NEQ 25 (1952) 459—488, ein. Dazu auch Sidney E. Ahlstrom, Thomas Hooker — Puritanism and Democratic Citizenship, CH 32 (1963) 415—431.

[111] Elémire Zolla, Lo Stile di Thomas Hooker, *Studi Americani* 11 (1965) 43—52, und John T. Frederick, Literary Art in Thomas Hooker's *The Poor Doubting Christian*, AL 40 (1968) 1—8.

[112] Aufsätze und bibliographische Angaben sind aus der Disserta-

John COTTON war der brillanteste, produktivste und einflußreichste dieser geistlichen Führer der Einwanderergeneration.[113] Es ist außerdem sein Schicksal gewesen, in die Auseinandersetzungen um Anne HUTCHINSON und Roger WILLIAMS einbezogen worden zu sein oder eingegriffen zu haben; es wird daher auch in diesem Zusammenhang von ihm zu reden sein.[114] Eine repräsentative Biographie erschien schon bald nach seinem Tod (1652) aus der Feder seines Nachfolgers John NORTON.[115] Sie wurde von dem Enkel Cotton MATHER für die Biographie in der ›Magnalia‹ benutzt. Es spricht für die Bedeutung wie auch für die Problematik der Persönlichkeit von COTTON, daß in neuester Zeit zwei Bücher über ihn erschienen sind.[116] Von seinen

tion von Everett H. Emerson erwachsen; er gibt einen Abstrakt in: Thomas Hooker and the Reformed Theology: The Relationship of Hooker's Conversion Preaching to Its Background, *CH* 24 (1955) 369—370. Bibliographische Hinweise in: Notes on the Thomas Hooker Canon, *AL* 27 (1956) 554—555 und: Thomas Hooker Materials at the Connecticut Historical Society, *EAL* 6, no. 2 (Fall, 1971) 187—188. Vor allem: Thomas Hooker, the Puritan as Theologian, *Anglican Theological Review* 49 (1967) 3—16.

[113] Eine ausgewählte Bibliographie von Quellen und Sekundärliteratur bringt Richard W. Etulein, John Cotton: A Checklist of Relevant Materials, *EAL* 4, no. 1 (1969/70) 64—69.

[114] Siehe unten S. 59 und S. 60 f. Cottons Antwort auf Williams ist *The Bloudy Tenent, washed, And made white in the bloud of the Lambe* (London, 1647).

[115] *Abel Being Dead Yet Speaketh, or the Life and Death of that Deservedly Famous Man of God, Mr. John Cotton* (Cambridge, 1657; London, 1658); Norton und Mather fußen auf einem biographischen Essay von Samuel Whiting, Concerning the Life of the Famous Mr. Cotton, Teacher to the Church of Christ at Boston in New England, der in Young, *Chronicles of the First Planters of the Colony of Massachusetts Bay* zusammen mit einigen Briefen Cottons, 419—431, und in den Hutchinson Papers abgedruckt ist.

[116] Larzer Ziff, *The Career of John Cotton. Puritanism and the American Experience* (Princeton, N. J., 1962). Everett H. Emerson,

zahlreichen Schriften[117] sind ›The Keys of the Kingdom of Heaven‹ (London, 1644) und ›The Way of Congregational Churches Cleared‹ (London, 1648) — hier verteidigt sich COTTON sowohl in der WILLIAMS wie der HUTCHINSON Angelegenheit — zusammen mit der Salemer Predigt von 1636 neu herausgegeben worden.[118] Die Schriften und Predigten COTTONS, auch die Auslegungen biblischer Texte, haben so gut wie alle einen Bezug zu den Ereignissen oder Umständen der Zeit.[119] Auch als Gesetzgeber wollte sich COTTON betätigen,[120] fand dabei aber Kritik und Widerstand bei den Zeitgenossen.[121]

Weniger brillant als Prediger, dafür aber als Persönlichkeit und wegen seiner Missionsarbeit bei den Indianern geschätzt, war John ELIOT, der die Bibel für die Indianer übersetzte.[122]

John Cotton (New York, 1965) ist eine fundierte Einführung im Rahmen von TUSAS.

[117] Eine Bibliographie der Werke erstellte Julius H. Tuttle, Writings of Rev. John Cotton, *Bibliographical Essays: A Tribute to Wilberford Eames* (Cambridge, Mass., 1924) 363—380; siehe auch die Bibliographie in Everett H. Emerson, *John Cotton*.

[118] *John Cotton on the Churches of New England*, ed. Larzer Ziff (Cambridge, Mass., 1968); sowie *Gods Mercie mixed with His Justice* (London, 1641; *Scholars Facs. and Repr.*, introd. Everett H. Emerson, Gainsville, Fla., 1958). Vgl. auch David D. Hole, John Cotton's Letter to Samuel Skelton, *WMQ* 22 (1965) 478—485.

[119] Über die Abschiedspredigt, die Cotton 1630 als zunächst Zurückbleibender für die Winthrop Gruppe hielt, vgl. Edwin D. Mead, John Cotton's Farewell Sermon to Winthrop's Company at Southampton, *PMHS* 41 (June, 1907) 101—115. Siehe auch Norman S. Grabo, John Cotton's Aesthetic. A Sketch, *EAL* 3 (Spring, 1968) 4—10 und oben in Anmerkung 109 den Aufsatz von Alfred Habegger.

[120] An Abstract of the Laws of New England as they are now established. Printed in London 1641, *CMHS* 1st series 5 (1798) 171 bis 192.

[121] Dazu Worthington C. Ford, Cotton's 'Moses His Judicials', *PMHS* 2nd series 16 (Oct., 1902) 274—284, und Isabel M. Calder, John Cotton's 'Moses His Judicials', *PCSM* 28 (April, 1931) 86—94.

[122] Cotton Mather widmete ihm in der *Magnalia* eine seiner läng-

Roger WILLIAMS ist einer der wenigen Puritaner, die auch von den liberalen Nachkommen als Vorbild und als Vorbereiter der amerikanischen Demokratie akzeptiert wurden. Der Ausgestoßene von Massachusetts und Begründer der toleranteren Kolonie von Rhode Island wird als Vorkämpfer der Religionsfreiheit und der Trennung von Kirche und Staat gefeiert.[123] Damit ist WILLIAMS aber auch von manchen seiner Bewunderer in wesentlichen Punkten mißverstanden worden, jedenfalls verkannten sie seine unbedingte, tiefe Religiosiät. Grundtenor der meisten Biographien bis in die Mitte des 20. Jahrhunderts ist daher eine allzu sorglos angenommene Modernität.[124] Das gilt auch für die bisher beste Biographie: Samuel H. BROCKUNIER, ›The Irrepressible Democrat: Roger Williams‹ (New York, 1940).[125] Vernon L. PARRINGTON in ›Main Currents in American Thought‹ modelt WILLIAMS zu einem Vorläufer JEFFERSONS um. Während diese Forscher WILLIAMS vor allem als politischen

sten Viten. Moderne Kurzbiographien finden sich in Walker, *Ten New England Leaders* und Morison, *Builders of the Bay Colony*. Vgl. auch Ezra H. Byington, John Eliot, the Puritan Missionary to the Indians, *Papers Am. Soc. Ch. Hist.* 8 (1897) 109—145.

[123] Henry Martyn Dexter, *As to Roger Williams and his "Banishment" from the Massachusetts Plantation* (Boston, 1876) ist eine Verteidigung der Argumente von Massachusetts mit eingehender Forschung und Diskussion; dagegen Henry S. Burrage, Why was Roger Williams Banished, *American Journal of Theology* 5 (1901) 1—17.

[124] Immer noch beachtenswert sind James D. Knowles, *Memoirs of Roger Williams* (Boston, 1834); Romeo Elton, *The Life of Roger Williams* (Providence, R. I., 1853); Oscar S. Straus, *Roger Williams: The Pioneer of Religious Liberty* (New York, 1894); Edmund J. Carpenter, *Roger Williams: A Study of the Life, Times and Character of a Political Pioneer* (New York, 1909); Mary H. Hall, *Roger Williams* (Boston, 1917); Emily Easton, *Roger Williams: Prophet and Pioneer* (Boston, 1930); James E. Ernst, *Roger Williams: New England Firebrand* (New York, 1932).

[125] Ähnlich zuverlässig ist Ola E. Winslow, *Master Roger Williams* (New York, 1957); Cyclone Covey, *The Gentle Radical: Roger Williams* (New York, 1966) hat die 9 Jahre von Williams' erstem Auf-

Denker sehen,[126] unterstrich Mauro CALAMANDREI, ›Neglected Aspects of Roger Williams' Thought‹, CH 21 (1952) 239—258, die Bedeutung von WILLIAMS' theologischer Gedankenwelt. Er bestärkte Perry MILLER darin, Roger WILLIAMS frei von aller patriotischen Verehrung als einen eigenwilligen religiösen Denker mit politischen Konsequenzen durch kommentierte Auszüge aus den Schriften nahezubringen: ›Roger Williams. His Contribution to the American Tradition‹ (Indianapolis, New York, 1953; paperback New York, 1962).[127] Edmund S. MORGAN, ›Roger Williams: The Church and the State‹ (New York, 1967) sieht den politischen Denker nun mit dem geschärften Verständnis für theologische Probleme.[128]

Es entspricht der Bedeutung von WILLIAMS, daß seine Schriften gesammelt worden sind: ›The Complete Writings of Roger Williams‹, 7 vols. (New York, 1963).[129] WILLIAMS' wichtigstes

enthalt in Neuengland mit großer Genauigkeit untersucht; das Buch enthält eine umfangreiche Bibliographie von Primär- und Sekundärwerken. Henry Chupack, *Roger Williams* (New York, 1969) ist eine Einführung im Rahmen von *TUSAS*; John Garret, *Roger Williams. Witness Beyond Christendom, 1603—1683* (New York, 1970) ist eine neue Biographie, die auch das theologische Denken miteinbezieht.

[126] Mit den praktischen Aufgaben des Politikers Roger Williams befaßt sich Clinton Rossiter, Roger Williams on the Anvil of Experience, *AQ* 3 (1951) 14—21 und *Seedtime of the Republic* (New York, 1953).

[127] Dazu Edmund S. Morgan, Miller's Williams, *NEQ* 38 (1965) 513—523.

[128] Alan Simpson, How Democratic Was Roger Williams?, *WMQ* 13 (1956) 53—67, kommt zu dem Ergebnis, daß Williams religiöse Freiheit mehr am Herzen lag als die politischen Implikationen. — Von katholischer Seite ist in mehr polemischer als wissenschaftlicher Form der Vorwurf der Intoleranz erhoben worden, da Williams' Toleranz nur innerhalb des Protestantismus gilt: J. Moss Ives, Roger Williams, Apostle of Religious Bigotry, *Thought* 6 (1931) 478—492.

[129] Dies ist ein Nachdruck von *The Writings of Roger Williams*, 6 vols. (Providence, *Narrangansett Club Publications*, 1866—1874). Text und Anmerkungen aus dieser Ausgabe wurden unverändert über-

Werk, ›The Bloudy Tenent of Persecution‹ (London, 1644) enthält sein Plädoyer für religiöse Toleranz[130] und ist eine der bedeutenden Schriften in der Debatte um Toleranz; es war Ausgangspunkt einer längeren Kontroverse mit John COTTON,[131] die in Vol. 1—4 der ›Narrangansett Club Publications‹ (1866 bis 1870) abgedruckt ist.

Ein entschiedener Gegner der religiösen Toleranz war der Jurist und Theologe Nathaniel WARD, der diese Überzeugung mit rhetorischer Würze und satirischem Witz in ›The Simple Cobler of Aggawam in America‹ (London, 1647) vertrat.[132] Erst

---

nommen; der 7. Band der neuen Ausgabe enthält neu hinzugenommene Traktate und ist von Perry Miller eingeleitet worden.

[130] Dazu das Kapitel über Williams in Michael Freund, *Die Idee der Toleranz im England der großen Revolution* (Halle, 1927); Le Roy Moore, Jr., Religious Liberty: Roger Williams and the Revolutionary Era, *CH* 34 (1965) 57—76. Mit den Quäkern hatte Williams heftige Auseinandersetzungen: *George Fox Digg'd out of his Burrowes* (Boston, 1676; in vol. 5 der Gesamtausgabe der Werke). Dazu Robert J. Lowenherz, Roger Williams and the Great Quaker Debate, *AQ* 11 (1959) 157—165.

[131] Irwin H. Polishook, *Roger Williams, John Cotton, and Religious Freedom* (Englewood Cliffs, N. J., 1967) hat wichtige Teile der Dokumente herausgegeben und eingeleitet. Zu der Auseinandersetzung: Henry B. Parkes, John Cotton and Roger Williams Debate Toleration, 1644—1652, *NEQ* 4 (1931) 735—756, sieht in Cotton den mittelalterlichen, in Williams den modernen Denker; Elizabeth Feist Hirsch, John Cotton and Roger Williams: Their Controversy Concerning Religious Liberty, *CH* 10 (1941) 38—51, stellt die Debatte in den Rahmen der gesamtprotestantischen Entwicklung. Neue Einsichten bringen Jesper Rosenmeier, The Teacher and the Witness: John Cotton and Roger Williams, *WMQ* 25 (1968) 408—431, Sacvan Bercovitch, Typology in Puritan New England: The Williams-Cotton Controversy, *AQ* 19 (1967) 166—191 und Richard Reinitz, The Typological Argument for Religious Toleration: The Separatist Tradition and Roger Williams, *EAL* 5, no. 1 (1970) 74—110.

[132] Ed. David Pulsifer (Boston, 1843). Eine neue Ausgabe besorgte P. M. Zall (Lincoln, Nebraska, 1969), der viele literarische Entleh-

kürzlich hat man begonnen, dieses Werk als Satire des 17. Jahrhunderts zu würdigen und seine stilistischen Mittel zu analysieren.[133] WARD war ein weitgereister Mann, der in Heidelberg mit deutschen protestantischen Theologen zusammengetroffen war und in Elbing britische Kaufleute als Geistlicher betreut hatte.[134] In Amerika wirkte er entscheidend bei der Erstellung der Rechtsordnung der Kolonie mit.[135]

Wie Roger WILLIAMS so wurde auch Anne HUTCHINSON aus der Kolonie von Massachusetts Bay ausgewiesen (1637). Auch sie ist von den liberalen Kritikern der Puritaner als Opfer religiöser Unduldsamkeit und als die mutige, standhafte Frau — die sie auch war — gefeiert worden. Jedoch geschah das auch in ihrem Fall, ohne daß man zunächst die theologische und politische Problematik ihrer Auseinandersetzung mit der neuengländischen Geistlichkeit begriff; man feierte die unterlegene Partei als einen Pionier der Glaubensfreiheit und Toleranz, während sie im Grunde nur für die eigene Überzeugung eintrat und litt. Im Jubiläumsjahr 1930 erschienen gleich drei Biographien von Anne HUTCHINSON; damals war sie für die Amerikaner eine der wenigen Puritaner, auf die man stolz sein konnte.[136] Zum dreihundertjährigen Jubiläum ihrer Austreibung setzte sich Edmund

---

nungen und historische Anspielungen identifiziert, ohne sich besonders mit den stilistischen Problemen zu befassen.

[133] Jean Beranger, *Nathaniel Ward* (Bordeaux, 1969) und Robert D. Arner, The Simple Cobler of Aggawam: Nathaniel Ward and the Rhetoric of Satire, *EAL* 5, no. 3 (1971) 3—16.

[134] Vgl. John Ward Dean, *A Memoir of the Rev. Nathaniel Ward* (Albany, N. Y., 1868); Janette Bohi, Nathaniel Ward, a Sage of Old Ipswich, *EIHC* 99 (1963) 3—32; ein kurzes Portrait gibt Morison, *Builders.*

[135] A Coppie of the Liberties of the Massachusets Collonie in New England. *CMHS* 3rd series 8 (1843) 216—237.

[136] Helen Augur, *An American Jezebel. The Life of Anne Hutchinson. A Biography* (New York, 1930), Winifred King Rugg, *Unafraid. A Life of Anne Hutchinson* (Boston, 1930) und Edith Curtis, *Anne*

S. Morgan, ›The Case Against Anne Hutchinson‹, NEQ, 10 (1937) 635—649, kritisch mit diesen Werken auseinander. Seine Darlegung der staatsrechtlichen Position von Gouverneur Winthrop leitete ein historisches Verständnis des Falles ein; Perry Millers Forschungen machten auch hier das tiefere geistesgeschichtlich-theologische Erfassen möglich.[137]

Die erste eingehende Erforschung der von Anne Hutchinson ausgelösten Antinomistenkrise, die die junge Kolonie in den Jahren 1636—1638 schwer erschütterte, leistete Charles Francis Adams in ›Three Episodes of Massachusetts History‹. Adams erforschte sie als historisch-politisches Geschehen; den „theologischen Jargon" der Auseinandersetzung hielt er für schlechthin unverständlich. Adams hat auch die wichtigsten Quellen herausgegeben: ›Antinomianism in the Colony of Massachusetts Bay, 1636—1638‹ (Boston, 1894). Die moderne Ausgabe von David D. Hall, ›The Antinomian Controversy 1636—1638. A Documentary History‹ (Middletown, Conn., 1968) ist um einige Dokumente reicher: u. a. um Briefe, Wheelwrights Fastenpredigt und Äußerungen von John Cotton zu den Anschuldigungen, die ja direkt oder indirekt auch auf ihn, den von Anne Hutchinson verehrten Theologen, zielten. Emery Battis, ›Saints and Sectaries. Anne Hutchinson and the Antinomian Controversy in the Massachusetts Bay Colony‹ (Chapel Hill, N. C., 1962) ist die jüngste und in der Methode modernste Darstellung. Battis versucht eine medizinisch-psychologische Erklärung von Anne Hutchinson, während er

---

Hutchinson. A Biography (Cambridge, Mass., 1930). — Eine ältere Arbeit ist die von George Ellis, *The Life of Anne Hutchinson* (Boston, 1845). Siehe auch Richard B. Morris, *Fair Trial. Fourteen Who Stood Accused* (New York, 1952) 3—32.

[137] Vgl. vor allem den Aufsatz: Preparation for Salvation in Seventeenth Century New England, *JHI* 4 (1943) 253—286; wieder abgedruckt in *Nature's Nation* (Cambridge, Mass., 1967) 50—77. Zum Verständnis des Problems vergleiche auch Norman Pettit, *The Heart Prepared* (New Haven, Conn., 1966).

ihre Anhängerschaft, in der er eine Mehrheit von Kaufleuten und Handwerkern zu erkennen glaubt, soziologisch untersucht. Dabei bleibt allerdings, wie HALL, ›The Antinomian Controversy‹, S. 441 f., mit Recht bemerkt, diese Interpretation von Anne HUTCHINSON in wesentlichen Zügen spekulativ; einige Identifikationen von Bostoner Bürgern als Antinomisten scheinen zweifelhaft. BATTIS hat jedoch das Verdienst, bisher vernachlässigte Komponenten des Geschehens beachtet zu haben, die damit allerdings eine gewisse Überbetonung erfuhren.

Ein theologischer und politischer Denker und ein streitbarer Mann, der für seine Überzeugungen sehr handgreiflich eintreten konnte, war der Pfarrer von Ipswich, John WISE.[138] Seine wichtigsten Schriften gehören ins 18. Jahrhundert. Gegen die Pläne von Kollegen — darunter auch die MATHERS —, die damals eine größere kirchliche Zentralisierung befürworteten, verfaßte er die zornige Streitschrift ›The Churches Quarrel Espoused‹ (Boston, 1710).[139] Eine zweite Schrift, ›A Vindication of the Government of New England Churches‹ (Boston, 1717)[140], argumentiert überlegter und vollständiger für die Prinzipien des Kongregationalismus und damit zugleich auch für eine demokratische Kirchen- und Staatsordnung. Für seine Argumentation verwandte WISE Gedanken und naturrechtliche Prinzipien aus den Schriften von PUFENDORF.[141] Seine Schriften wurden in der

---

[138] Zu Leben und Werk: Clinton Rossiter, John Wise: Colonial Democrat, *NEQ* 22 (1949) 3—32; Paul Simpson McElroy, John Wise: the Father of American Independence, *EIHC* 81 (1945) 201—226. George Allen Cook, *John Wise: Early American Democrat* (New York, 1952; repr. 1966) und Thomas E. Johnston, Jr., John Wise: Early American Political Thinker, *EAL* 3, no. 1 (Spring, 1968) 30—40.

[139] Introd. George A. Cook, *Scholars Facs. and Repr.* (Gainsville, Fla., 1966).

[140] Beide Schriften wurden im 18. und 19. Jahrhundert einzeln und gemeinsam nachgedruckt. Eine Faksimile-Ausgabe der *Vindication* gab Perry Miller (Gainsville, Fla., 1958) heraus.

[141] Hans Welzel, Ein Kapitel aus der Geschichte der amerikanischen Erklärung der Menschenrechte: John Wise und Samuel Pufen-

vorrevolutionären Zeit wieder aufgelegt und viel gelesen: man kann in diesem Puritaner in der Tat einen geistigen Vorbereiter der amerikanischen Demokratie sehen.

Die intensive Erforschung des Gewissens und des geistlichen Lebensweges machte das Führen von Tagebüchern zur Pflicht des glaubensstrengen Puritaners.[142] Viele sind erhalten, knappe und ausführliche; zahlreiche in den Bänden der CMHS und verwandter Publikationen gedruckt. Eine Bibliographie erstellte Harriette M. FORBES, ›New England Diaries, 1602—1800‹ (Topsfield, Mass., 1923); William MATTHEWS and Roy Harvey PEARCE, ›American Diaries: An Annotated Bibliography of American Diaries Written Prior to the Year 1861‹ (Berkeley, Los Angeles, 1945) haben die gedruckten Tagebücher chronologisch verzeichnet. — Von vielen bedeutenden Puritanern sind Tagebücher erhalten; der erfolgreiche Geschäftsmann und Richter Samuel SEWALL[143] ging jedoch vor allem wegen seines amüsanten, ausführlichen, für Leben und Sitten Neuenglands aufschlußreichen Tagebuchs in die Literaturgeschichte ein[144]:

---

dorf, *Rechtsprobleme in Staat und Kirche, Bd. 3. Festschrift für Rudolf Smend* (Göttingen, 1952) 387—411.

[142] Dazu Daniel B. Shea, *Spiritual Autobiography in Early America* (Princeton, N. J., 1968); Cecelia Tichi, Spiritual Biography and the Lord's Remembrancers, *WMQ* 28 (1971) 64—85.

[143] Über Sewall und sein Tagebuch vgl. Ola Elizabeth Winslow, *Samuel Sewall of Boston* (New York, 1964); frühere biographische Studien sind N. H. Chamberlain, *Samuel Sewall and the World He Lived In* (Boston, 1897) und Cecil H. C. Howard, Chief Justice Samuel Sewall, *EIHC* 37 (1901) 161—176. Zum Werk vgl. W. Lawrence Thompson, Classical Echoes in Sewall's Diaries (1674—1729), *NEQ* 24 (1951) 374—377; Karl W. Dykema, Samuel Sewall Reads John Dryden, *AL* 14 (1942) 157—161, und Richard M. Gummere, Byrd and Sewall: Two Colonial Classicists, *PCSM* 42 (Feb., 1953) 156—173.

[144] Der in vielen öffentlichen Ämtern tätige Sewall ist Autor der gegen die Sklaverei gerichteten Schrift *The Selling of Joseph* (Boston, 1700; repr. Amherst, Mass., 1969) sowie einer typologischen Aus-

›The Diary of Samuel Sewall, 1674—1729‹, CMHS, 5th ser., 5—7 (1878—1882)[145]. Noch eindeutiger weltlichen Sinnes ist das Tagebuch, das die unerschrockene Sarah Kemble KNIGHT[146], eine sehr selbständige Person und Geschäftsfrau, auf ihrer Reise von Boston nach New York im Jahre 1704 in treffender und humorvoller Beschreibung führte[147]: ›The Journal of Madam Knight‹, ed. George P. WINSHIP (Boston, 1920; repr. 1935); die erste Ausgabe war zusammen mit den Tagebüchern des Rev. Mr. BUCKINGHAM (New York, 1825) erschienen.

Das Rätselhafte, das Geheimnisvolle, das Okkulte, das Makabre und das Grausame sind der historischen Aufmerksamkeit sicher — um so mehr, wenn sie in der dramatischen Mischung eines Hexenprozesses erscheinen. Die Salemer Hexenprozesse sind denn auch das bekannteste Phänomen des amerikanischen Puritanismus, viel diskutiert von Freund und Feind. Für die Feinde sind sie ein typisches Ereignis: die geistigen und psychologischen Konsequenzen einer repressiven, engen, morbiden Religion. Kühle Beobachter weisen hingegen darauf hin,

---

legung der Offenbarung *Phaenomena quaedam Apocalyptica ... or, some few Lines toward a description of the New Heaven* (Boston, 1697). Sewalls *Letter Book 1686—1729* ist in *CMHS*, 6th series 1—2 (1886—1888) enthalten.

[145] Gekürzte modernisierte Fassungen sind *Samuel Sewall's Diary*, ed. Mark van Doren (New York, 1927) und *The Diary of Samuel Sewall*, ed. Harvey Wish (New York, 1967).

[146] Anson Titus, Madam Sarah Knight. Her Diary and Her Times, *Bostonian Society Publications* 9 (1912) 99—126; Alan Margolies, The Editing and Publication of *The Journal of Madam Knight*, *Papers of the Bibliographical Society of America* 58 (1964) 25—32; Robert O. Stephens, The Odyssee of Sarah Kemble Knight, *College Language Association Journal* 7 (1964) 247—255 und Peter Thorpe, Sarah Kemble Knight and the Picaresque Tradition, ebenda 10 (1966) 114 bis 121.

[147] Über Humor in diesem und anderen Umständen vgl. Chard Powers Smith, Plain Humor: New England Style, *NEQ* 43 (1970) 465—472.

daß Neuengland in einem Jahrhundert der Hexenverfolgung mit seinen unglücklichen 19 Opfern im ganzen recht gut bestehen kann; dennoch sind in den Ereignissen von Salem auch Probleme des Puritanismus zur Diskussion gestellt.

Die wichtigsten Quellen der Ereignisse in Salem Village (heute der Ort Danvers) im Jahre 1692 sind bei George Lincoln BURR, ›Narratives of the Witchcraft Cases, 1648—1706‹ (New York, 1914; repr. 1952) abgedruckt.[148] Eine vollständige maschinenschriftliche Abschrift der Prozeßakten und verwandter Dokumente befindet sich im Essex County Court House in Salem.[149]

Die eingehende Beschäftigung mit dem Salemer Phänomen beginnt mit dem Buch des Salemer Geistlichen und Bürgermeisters Charles W. UPHAM, ›Salem Witchcraft; with an Account of Salem Village and a History of Opinions on Witchcraft and Kindred Subjects‹, 2 vols., (Boston, 1867; repr. New York, 1966). UPHAMS Ansatz ist erstaunlich modern. Er prüft zunächst die, wie man heute sagen würde, sozio-ökonomischen Verhältnisse von Salem Village: nämlich Besitzverhältnisse durch Landvergabe und Grundbesitz sowie die Stellung des Pfarrers, des geistigen Mittelpunkts der kleinen Gemeinde. Im ersten Teil seines Werkes entsteht dadurch ein informatives Beispiel puritanischer Siedlungsgeschichte und zugleich eine düstere Geschichte

---

[148] Eine frühere Sammlung ist *Records of Salem Witchcraft*, ed. William E. Woodward, 2 vols. (Roxbury, Mass., 1864). Siehe auch Samuel G. Drake, *Annals of Witchcraft in New England, and Elsewhere in the United States* (Boston, 1869) und *The Witchcraft Delusion in New England*, 3 vols. (Roxbury, Mass., 1866). Dazu Justin Winsor, The Literature of Witchcraft in New England, *PAAS* NS 10 (Oct., 1895) 351—373. — Zwei schwer zugängliche Quellen, Deodat Lawsons Predigt, Christ Fidelity, the Only Shield Against Satan's Malignity (Boston, 1962), und der Samuel Willard zugeschriebene Dialog, Some Miscellany Observations on our present Debates respecting Witchcraft (Philadelphia, 1692), wurden in *JA* 9 (1964) 228—284 nachgedruckt.

[149] Works Progress Administration, *Salem Witchcraft 1692* (3 vols. Maschinenschrift, 1938).

von lang schwelenden Feindschaften aus Erb-, Rechts- und Gemeindestreitigkeiten, die das Zusammenleben in einer kleinen Gemeinschaft am Rande der Wildnis schwer belasteten. In der Behandlung der Hexenaffäre hat UPHAM Cotton MATHER und mit ihm die Geistlichkeit als Hauptschuldige für die Aufblähung der Affäre eingeführt; er hat damit ein Problem aufgeworfen, das bis heute die Forschung beschäftigt: die Rolle der Geistlichkeit in den Ereignissen von Salem.[150]

Die Geschichte des Hexenwesens und Hexenglaubens in Amerika ist in der großen Arbeit von George L. KITTREDGE, ›Witchcraft in Old and New England‹ (Cambridge, Mass., 1929) enthalten. Wichtig für das Verständnis der Hintergründe, der Auffassungen der Zeit sowie der Prozesse ist Henry Charles LEA, ›Materials toward a History of Witchcraft, collected by Henry Charles Lea‹, ed. Arthur C. HOWLAND (Philadelphia, 1939). Die Ereignisse von Salem sind durch das Einwirken medizinisch-psychologischer und juristischer in die religiös-soziologischen Probleme besonders komplex; sie sind daher auch immer wieder literarisch gestaltet worden.[151] Die Bedeutung der psychologi-

---

[150] Upham wurde sogleich von W. F. Poole, Cotton Mather and Salem Witchcraft, *North American Review* 108 (1869) 327—397, angegriffen, der bereits Calef, den Gegner der Mathers und Gewährsmann vieler späterer Forscher, in kritischem Licht sieht. Upham verteidigte sich und seine Interpretation von Cotton Mather in: Salem Witchcraft and Cotton Mather, *The Historical Magazine* (1869) 129 bis 219; seine Auffassung war Grundlage der historischen Darstellungen im 19. Jahrhundert. Die Frage der Zuverlässigkeit seiner Forschungen wird von neueren Forschern unterschiedlich beurteilt. Während Marion Starkey sie bewundernd anerkennt, wirft Chadwick Hansen ihm Unsachlichkeit und Unexaktheit vor: "He did this as he seems to have done everything, with much inaccuracy; the history of petty malice in Essex County remains to be written" (S. XI f.). Hansen bleibt den Beweis dafür schuldig; sein Urteil, Upham sei "virtually unreadable" ist schwer verständlich.

[151] Vgl. David Levin, Historical Fact in Fiction and Drama: The Salem Witchcraft Trials, *In Defense of Historical Literature* (New York, 1967) 77—97, und *What Happened at Salem* (New York,

schen Komponente, die in den rätselhaften Krämpfen der Kinder, dem eigentlichen Ausgangspunkt der Ereignisse, zutage tritt, hat bereits Marion L. STARKEY, ›The Devil in Massachusetts: A Modern Inquiry Into The Salem Witch Trials‹ (New York, 1950) beachtet. Chadwick HANSEN, ›Witchcraft at Salem‹ (New York, 1969) diagnostiziert bei einigen Beteiligten echte (medizinische) Hysterie; andere seien praktizierende Hexen gewesen. Außerdem vollzieht HANSEN — hier hätte man einen genaueren Beweis gewünscht — Umwertungen, die sich allerdings schon angebahnt hatten. Cotton MATHER wird, wie schon von anderen Forschern, ein eher mäßigender Einfluß bescheinigt, während CALEF, der Gewährsmann der meisten bisherigen Darstellungen, in sehr kritischem Licht erscheint. Zu Cotton MATHERS Rolle bei diesen Ereignissen vgl. auch unten S. 72 f. Von anthropologischen Forschungen ausgehend diskutiert John DEMOS, ›Underlying Themes in the Witchcraft of 17th Century New England‹, AHR 75 (1970) 1311—1326, die in Salem erkennbare Animosität zwischen jungen Mädchen und älteren Frauen.[152]

4. Die Mathers

Drei Generationen MATHERS haben an den Geschicken Neuenglands im 17. und beginnenden 18. Jahrhundert als Geistliche, Männer des öffentlichen Lebens, als Gelehrte und Erzieher hervorragenden Anteil gehabt: RICHARD, INCREASE und COTTON MATHER; drei Persönlichkeiten verschiedener Prägung, die die

---

1960), eine Auswahl von Dokumenten und literarischen Werken für den Universitätsgebrauch. Hawthorne, Young Goodman Brown (1854), hat immer wieder die Interpreten beschäftigt. Levin nimmt u. a. auch kritisch zu Arthur Millers Drama *The Crucible* (1952) Stellung.

[152] Vgl. auch Ernest Caulfield, Pediatric Aspects of the Salem Witchcraft Tragedy: A Lesson in Mental Health, *American Journal of Diseases of Children* 65 (1943) 788—802.

Entwicklung der Kolonie in dieser Zeit repräsentieren.[153] Ihre Brüder, Neffen, Onkel haben ebenfalls als Gelehrte und Geistliche eine Rolle im kulturellen Leben Neuenglands gehabt.[154]

RICHARD MATHER, der 1635 nach Neuengland kam, war ein Geistlicher, der seine Führungsrolle eher der Kraft der Persönlichkeit verdankte als einer besonderen Brillanz als Prediger oder Theologe.[155] Sein jüngster Sohn INCREASE, Geistlicher, Gelehrter, Universitätspräsident und Staatsmann, war eine sehr viel komplexere Persönlichkeit: nach seiner Rückkehr aus England im Jahre 1661 bis zum Ende des Jahrhunderts "foremost American Puritan", wie sein Biograph Kenneth B. MURDOCK bekräftigt.[156] INCREASE MATHER ist Autor von zahlreichen Predigten, Traktaten, theologischen und historischen Schriften,[157]

---

[153] Robert Middlekauff, *The Mathers. Three Generations of Puritan Intellectuals, 1596—1728* (New York, 1971). Über ihre umfangreiche Bibliothek vgl. Julius Herbert Tuttle, The Libraries of the Mathers, *PAAS* NS 20 (Apr., 1910) 269—356.

[154] Vgl. Thomas J. Holmes, comp., *The Minor Mathers: A List of Their Works* (Cambridge, Mass., 1940).

[155] Von ihm ist ein Tagebuch erhalten: The Journal of Richard Mather, 1636, *Coll. of Dorchester Antiquarian and Hist. Soc.* no. 3 (Boston, 1850). Seine Lebensgeschichte schrieb der Sohn Increase Mather, The Life and Death ... of Richard Mather, ebenda; 1966 mit einer Einleitung von Benjamin Franklin V. und William K. Bottorff (Facs. Repr., Athens, Ohio) neu herausgebracht. Vgl. auch William Scheick, Anonymity and Art in *The Life and Death of That Reverend Man of God, Mr. Richard Mather*, *AL* 42 (1970—1971) 457—467. Lehre und Kirchenpolitik der amerikanischen Puritaner erläuterte Richard Mather in einem kürzlich veröffentlichten Brief: B. Richard Burg, A Letter of Richard Mather to a Cleric in Old England, *WMQ* 29 (1972) 81—98.

[156] *Increase Mather, The Foremost American Puritan* (Cambridge, Mass., 1925). Diese Biographie ist bis heute vorbildlich in ihrer breiten Erfassung von Person und Zeit. Im Anhang eine: Checklist of Mather's Writings.

[157] Thomas J. Holmes, *Increase Mather. A Bibliography of His Works*, 2 vols. (Cleveland, Ohio, 1931) mit sehr ausführlichen An-

von denen seine Berichte über die Kriege mit den Indianern und seine Sammlung von ›Remarkable Providences‹ die wichtigsten sind.¹⁵⁸

INCREASES ältester Sohn COTTON war, wie der Name bezeugt, durch seine Mutter Enkel von JOHN COTTON; er war der belesenste Mann der Kolonie, der gelehrteste und zugleich der schwierigste aus der MATHER-„Dynastie".¹⁵⁹ Schon zu seinen Lebzeiten angefeindet, hat er als Person selbst bei Puritaner-

merkungen. Vgl. auch John A. Walz, Increase Mather and Dr. Faust, an American 'Faustsplitter', *German Review* 15 (1940) 20—31.

¹⁵⁸ *Brief History of the War with the Indians in New England* (London, 1676) und *A Relation of the Troubles* ... (Boston, 1677). *Testimony Against Prophane Customs: Namely Health Drinking, Dicing, Cards, Christmas Keeping, New Year's Gifts, Cock-Scaling, Saints's Days*, etc., repr. from the 1687 ed., with introd. notes by William Peden and a bibl. note by Lawrence Storkey (Charlottesville, Va., 1953). Eine neue Ausgabe erhielt auch: *Essay for the Recording of Illustrious Providences* (Boston, 1684) als *Remarkable Providences* (London, 1890). Siehe auch *Remarkable Providences: 1600—1760*, ed. with introd. by John Demos (New York, 1972). *A Testimony Against Several Prophane and Superstitious Customs Now Practiced by some in New England* (London, 1687) erhielt einen Faksimile-Neudruck von Samuel G. Drake als *Early History of New England* (Albany, N. Y., 1864). — The Autobiography of Increase Mather, ed. M. G. Hall, *PAAS* 71 (1961) 271—360.

¹⁵⁹ Einen faszinierenden Einblick in die Person ermöglichen die ausführlichen Tagebücher: *Diary of Cotton Mather*, ed. Worthington Ch. Ford, 2 vols. (New York, 1911—1912; repr. 1957), auch in *CMHS*, 7th series 7 (1911) und 8 (1912), und das erst 1919 aufgefundene *The Diary of Cotton Mather, D. D., F. R. S. for the Year 1712*, ed. William R. Manierre II (Charlottesville, Fla., 1964); dazu ders., Notes from Cotton Mather's Missing Diary of 1712, *AN&Q* 2 (1964) 51—52; 68—70; 84—85. Über das dort diskutierte Problem der Mitgliedschaft in der "Royal Society" auch Phyllis Franklin, ebenda 3 (1965) 70—71. Siehe auch William R. Manierre II, A Description of 'Paterna': the Unpublished Autobiography of Cotton Mather, *SB* 18 (1965) 183—205.

sympathisanten wie MILLER und MORISON keine Freunde.[160] Unter COTTON MATHERS mehr als 450 Veröffentlichungen [161] — die meisten Predigten oder Essays über theologische, seelsorgerische, biographische oder historische Themen — ragt sein „magnum opus", die ›Magnalia Christi Americana‹, heraus.[162] In gewundenem, zitatenreichem Stil geschrieben, ist es besonders durch seine zahlreichen Biographien ein Musterbuch puritanischer Lebensauffassung und eine der wichtigsten Quellen für die Geschichte Neuenglands im 17. Jahrhundert.[163] In der Ge-

---

[160] Barrett Wendell, *Cotton Mather, the Puritan Priest* (New York, 1891; Paperback New York, 1963) — nach Murdock, *Increase Mather*, S. IX, ein Vorbild "for sympathetic and scholarly understanding of the Puritans" — ist immer noch nicht ersetzt. Siehe auch Ralph and Louise Boas, *Cotton Mather: Keeper of the Puritan Conscience* (New York, 1928; paperback 1964). Das Entstehen des unsympathischen Bildes von Mather untersucht kritisch David Levin, The Hazing of Cotton Mather: The Creation of a Biographical Personality, *In Defense of Historical Literature* (New York, 1967) 34—57. Eine gute Einführung zu Cotton Mather gibt Kenneth B. Murdock in *Selections from Cotton Mather* (New York, 1926; repr. 1960).

[161] Vgl. Thomas James Holmes, *Cotton Mather: A Bibliography of His Works*, 3 vols. (Cambridge, Mass., 1940).

[162] *Magnalia Christi Americana, or, The Ecclesiastical History of New England, from its First Planting in the Year 1620, unto the Year of our Lord, 1698* (London, 1702), die 2. Auflage erschien in 2 vols. (Hartford, Conn., 1820); Thomas Robbins besorgte eine 3. Auflage (Hartford, Conn., 1853—1855). Eine moderne kritische Ausgabe soll in Kürze erscheinen. Vgl. auch Chester N. Greenough, A Letter Relating to the Publication of Cotton Mather's *Magnalia*, *PCSM* 26 (Jan., 1926) 296—312.

[163] Zu Stil und Inhalt der *Magnalia* vgl. Reginald E. Watters, Biographical Technique in Cotton Mather's *Magnalia*, *WMQ* 2 (1945) 154—163. William R. Manierre II, Some Characteristic Mather Redactions, *NEQ* 31 (1958) 496—505, und ders., Cotton Mather and the Biographical Parallel, *AQ* 13 (1961) 153—160. Austin Warren, Grandfather Mather and His Wonder Book, *SR* 72 (1964) 96—116. Sacvan Bercovitch, New England Epic: Cotton Mather's *Magnalia*

schichte des amerikanischen Puritanismus markiert COTTON MATHER eine Wende von dogmatischer Theorie (seine schwache Seite) zu einer von ihm zwar vornehmlich theoretisch bekundeten, aber stark herausgestellten Bedeutung des praktischen Tuns, Gutes zu wirken. ›Bonifacius, An Essay upon the Good‹[164] ist eines seiner populärsten Werke neben der Anleitung für werdende Pfarrer, ›Manuductio Ad Ministerium‹[165] und dem ›Christian Philosopher‹.[166] Sein Interesse für gute Werke, für religiös-soziale Leistungen führte zu Kontakten mit August

Christi Americana, ELH 33 (1966) 337—350; in überarbeiteter und erweiterter Fassung in: *Major Writers of Early American Literature,* ed. Everett Emerson (Madison, Wisc., 1972) 93—149. Über Mathers Gebrauch der Typologie Ursula Brumm, *Die religiöse Typologie im amerikanischen Denken* (Leiden, 1963) 33—48, und Mason I. Lowance, Jr., Typology and the New England Way: Cotton Mather and the Exegesis of Biblical Types, *EAL* 4, no. 1 (1969/70) 15—37.

[164] *Bonifacius, An Essay upon the Good,* ed. David Levin (Cambridge, Mass., 1966) und *Scholars Facs. and Repr.,* introd. Josephine Piercy (Gainsville, Fla., 1967). In seiner Einleitung setzt sich Levin kritisch mit Perry Millers geringer Wertung des Werkes auseinander.

[165] *Manuductio Ad Ministerium. Directions for a Candidate of the Ministry* (Boston, 1726), mit bibl. Notizen hrsg. von Thomas J. Holmes und Kenneth B. Murdock (New York, 1938; repr. 1968). Dazu Eugene E. White, Cotton Mather's *Manuductio ad Ministerium, QJS* 49 (1963) 308—319, und Kennerly M. Woody, Cotton Mather's *Manuductio Ad Theologiam*: The 'More Quiet and Hopeful Way', *EAL* 4, no. 2 (1969/70) 3—48. Zu diesem reich annotierten Essay erschien als Supplement zu *EAL* 6, no. 1 (1971): Bibliographical Notes to Cotton Mather's *Manuductio Ad Ministerium.* Woody stellt das Werk und Mathers Ambitionen in einen größeren internationalen Kontext und zitiert den Hinweis von Ernst Benz, die *Manuductio* sei möglicherweise von August Hermann Franckes *Idea Studiosi Theologiae oder Abbildung eines der Theologie Beflissenen* (Halle, 1712) beeinflußt. — Über Predigten vgl. William D. Andrews, The Printed Funeral Sermons of Cotton Mather, *EAL* 5, no. 2 (Fall, 1970) 24—44.

[166] (London, 1721). *Scholars Facs and Repr.,* introd. Josephine Piercy (Gainesville, Fla., 1968).

Hermann FRANCKE und Hinweisen auf die Arbeit FRANCKES und des Hallenser Pietismus.[167] Darüber hinaus suchte und unterhielt MATHER Beziehungen zu kirchlichen Kreisen in aller Welt.[168]

Sind auch die Auseinandersetzungen um COTTON MATHERS Persönlichkeit nicht beendet, so ist doch das Bild vom Hexenverfolger[169] und bigotten, reaktionären Puritaner revidiert

[167] Dazu Kuno Francke, Cotton Mather and August Hermann Francke, *Harvard Studies and Notes* 5 (1896) 57—67. In diesem Aufsatz notiert Francke die Quellen für die Beziehungen. In einem weiteren Aufsatz, Further Documents Concerning Cotton Mather and August Hermann Francke, *Americana Germanica* 1, no. 4 (1897) 32—66, druckt er mit geringen Kürzungen den langen lateinischen Brief Franckes an Mather von 1714 ab, in dem die Haller Einrichtungen beschrieben werden. Ebenfalls abgedruckt ist Mathers Rekapitulation dieses Berichts in *Nuncia Bona e Terra Longinqua. A Brief Account of Some Good and Great Things Adoing For the Kingdom of God in the Midst of Europe* (Boston, 1715); siehe auch Kuno Francke, The Beginning of Cotton Mather's Correspondence with A. H. Francke, *Philological Quarterly* 5, no. 3 (1926) 193—195. Über die Beziehung auch Ernst Benz, The Pietist and Puritan Sources of Early Protestant World Missions (Cotton Mather and A. H. Francke), *CH* 20 (1951) 28—55, und: Ecumenical Relations between Boston Puritanism and German Pietism. Cotton Mather and A. H. Francke, *HTR* 54 (1961) 159—193. William R. Manierre, A 'Mather' of Dates, *SB* 16 (1963) 217—220 korrigiert einige Briefdatierungen.

[168] Dazu Kenneth Silverman, Cotton Mather's Foreign Correspondence, *EAL* 3, no. 3 (1968/69) 172—185, und die Ausgabe von Briefen *Selected Letters of Cotton Mather*, ed. Kenneth Silverman (Baton Rouge, La., 1971). — Außerdem: Louis Weeks III, Cotton Mather and the Quakers, *Quaker History* 59 (1970) 23—33. Siehe auch Thomas E. Johnston, A Translation of Cotton Mather's Spanish Works: *La Fe del Christiano* and *La Religion Pura*, *EAL* 2, no. 2 (1967) 7—21; Mukhtar Ali Isani, Cotton Mather and the Orient, *NEQ* 43 (1970) 46—58.

[169] Siehe darüber auch oben S. 66 f. und Kenneth B. Murdock, *Increase Mather*, S. 287—316; Thomas J. Holmes, Cotton Mather and

worden, indem MATHERS Anteilnahme an den naturwissenschaftlichen Fortschritten seiner Zeit belegt werden konnte,[170] insbesondere auch sein echtes Interesse für medizinische Fragen,[171] das sich in seiner fortschrittlichen Haltung im Streit um die Pockenimpfung bewährte. Der Tribut, den Benjamin Franklin Mathers Bonifacius-Essay zollte, hat dazu geführt, daß man in diesen beiden scheinbar so verschiedenen Persönlichkeiten erstaunliche Ähnlichkeiten entdeckte, denen Phyllis Franklin, ›Show Thyself A Man. A Comparison of Benjamin Franklin and Cotton Mather‹ (The Hague, Paris, 1969) nachgeht.

His Writings on Witchcraft, *Papers of the Bibl. Soc. of Am.* 18 (1925) 30—59; unabhängig gedruckt, Chicago, 1926; Zoltán Haraszti, Cotton Mather and the Witchcraft Trials, *More Books* 15 (1940) 179—184; Richard H. Werking, 'Reformation is Our Only Preservation': Cotton Mather and Salem Witchcraft, *WMQ* 29 (1972) 281—290.

[170] Vgl. Theodore Hornberger, The Date, the Source, and the Significance of Cotton Mather's Interest in Science, *AL* 6 (1934/35) 413—420; derselbe, Cotton Mather's Annotation on the First Chapter of Genesis, *The University of Texas Publ., Studies in English* (1938) 112—122, weist anhand der Randnotizen zur *Biblia Americana* nach, daß Mather sich mit neuen, Newton nahestehenden Werken befaßte. Über die Beziehungen zur Royal Society: George L. Kittredge, Cotton Mather's Election Into the Royal Society, *PCSM* 14 (1913) 81—114; 281—292, und: Cotton Mather's Scientific Communications to the Royal Society, *PAAS* N.S. 26 (1916) 18—57; siehe dazu auch oben Anm. 159.

[171] Otho T. Beale and Richard H. Shryock, *Cotton Mather. First Significant Figure in American Medicine* (Baltimore, Md., 1954) — siehe auch *PAAS* N.S. 63 (1953) 37—274 — umreißt Mathers Stellung im medizinischen Wissen der Zeit und bespricht sein bis dahin ungedrucktes medizinisches Werk: The Angel of Bethesda, aus dem wichtige Teile abgedruckt werden. Zu seiner Haltung im Impf-Streit siehe George L. Kittredge, Some Lost Works of Cotton Mather, *PMHS* 45 (Febr., 1912) 418—479.

5. Die Dichtung

Moses C. TYLER war der erste Forscher, der puritanische Dichtungstheorie und -praxis eingehend untersuchte.[172] Er sprach von "verse-writing", nicht von "poetry", und hatte damit die große Mehrzahl der Gedichte, die Verseschmiederei nicht Dichtung sind, richtig benannt. Aber die Puritaner waren keineswegs grundsätzlich dichtungsfeindlich; sie verfaßten Gedichte zu allen möglichen Gelegenheiten, und nicht wenige davon sind überzeugender Ausdruck ihres Lebensgefühls; historische Werke wie JOHNSONS ›Wonder-Working Providence‹ und Cotton MATHERS ›Magnalia‹ sind mit Gedichten durchsetzt. Geistliche und Männer des öffentlichen Lebens, auch hochgestellte Persönlichkeiten — z. B. Gouverneur Thomas DUDLEY — schreckten vorm Dichten nicht zurück. Ihre Themen waren die großen und die kleinen Dinge des Lebens, der Mensch — vor allem in vielen Elegien auf Verstorbene [173] — und Gott. Die Meditation ist, vor allem für religiöse Themen, eine viel praktizierte Form. Wortspiele und Wortwitz, der *pun*, sind so beliebt wie in der englischen Dichtung der Zeit; amerikanische Puritaner hatten keine Scheu, sie in unerschrocken drastischer Art auch für ihre Grabsteine zu brauchen.

Über die Holprigkeit mancher Verse ist viel gespottet worden. Ein Hauptziel des Spotts war die Neuübersetzung der Psalmen durch eine Reihe gelehrter Geistlicher, die jedoch die Kritik schon im Vorwort in der vielzitierten Wendung auffingen: "God's altar needs not our polishing." ›The Bay Psalm Book‹

---

[172] *A History of American Literature 1607—1765* (1878/1949), chapters X, XI.

[173] Eine der gelungensten ist Urian Oakes, *An Elegy upon the Death of the Reverend Mr. Thomas Shepard* (Cambridge, Mass., 1677), abgedruckt in Miller-Johnson *The Puritans* II, 641—650. Siehe auch Robert Henson, Form and Content of the Puritan Funeral Elegy, *AL* 32 (1960) 11—27 und J. A. Leo Lemay, Jonson and Milton: Two Influences in Oakes's Elegy, *NEQ* 38 (1965) 90—92.

(Cambridge, 1640) war das erste in Amerika gedruckte Buch.[174] Die Versdichtung der amerikanischen Puritaner blieb lange fast völlig unbeachtet. Nach TYLER war es erst Kenneth B. MURDOCK, der 1927 eine Anthologie herausgab und kommentierte: ›Handkerchiefs from Paul‹ (Cambridge, London, 1927). Kapitel V, ›A Little Recreation of Poetry‹ von MURDOCKS ›Literature and Theology in Colonial New England‹ ist, mit MILLER-JOHNSONS Vorwort zu Kapitel VI "Poetry" in ›The Puritans‹, die beste erste Einführung in die Materie. Eine erste zusammenfassende Würdigung mit Bibliographie liefert Harold S. JANTZ, ›The First Century of New England Verse‹ (Worcester, Mass., 1943; 2nd ed. New York, 1962).[175]

Neuerdings erhalten die Puritaner auch in Anthologien einen gewissen Raum;[176] es gibt sogar umfangreiche Sammlungen für die Dichtung der frühen Zeit. In ›Seventeenth Century American

---

[174] *The Bay Psalme Book. A Facsimile Reprint of the First Edition of 1640*. With a Companion Volume *The Enigma of the Bay Psalm Book* by Zoltán Haraszti (Chicago, 1956). In dem Begleitband erkennt der Vf. John Cotton die Abfassung der Einleitung (bisher Richard Mather zugeschrieben) und einen größeren Anteil an der Übersetzung der Psalmen zu. Haraszti setzt sich auch kritisch mit der behaupteten "crudeness" der Verse auseinander. Siehe auch Norman S. Grabo, How Bad is the Bay Psalm Book, *PMASAL* 46 (1961) 605—615 und J. H. Dorenkamp, The *Bay Psalm Book* and the Ainsworth Psalter, *EAL* 7, no. 1 (1972) 3—16.

[175] Vgl. J. A. Leo Lemay, Seventeenth Century American Poetry: A Bibliography of Scholarship 1943—1966. *EAL(N)* 1. Eine Bibliographie der frühen Dichtung erstellt Oscar Wegelin, *Bibliography of American Poetry 1650—1820* (New York, 1966); dazu Roger E. Stoddard, A Catalogue of Books and Pamphlets Unrecorded in Oscar Wegelin's Early American Poetry 1650—1820, *Books at Brown* 23 (1969) 1—84; J. A. Leo Lemay, A Calendar of American Poetry in the Colonial Newspapers and Magazines and in the Major English Magazines Through 1765, *PAAS* N.S. 79 (1969) 291—392; 80 (1970) 71—222 und 353—442 (beginnt 1721).

[176] Eine gute Repräsentation fanden sie bereits in Evert Augustus and George Long Duyckinck, *Cyclopeadia of American Literature*,

Poetry‹, ed. with an Introduction, Notes and Comments by Harrison T. MESEROLE (Garden City, N. Y., 1968)[177] dominieren die Puritaner; ebenso in der sorgfältig kommentierten Anthologie von Kenneth SILVERMAN, ›Colonial American Poetry‹ (New York, London, 1968).

Unter den zahlreichen Poeten Neuenglands können nur drei intensivere Aufmerksamkeit erwarten: Anne BRADSTREET, Michael WIGGLESWORTH und Edward TAYLOR.

Die amerikanische Dichtung beginnt mit der liebenswürdigen Stimme der Anne BRADSTREET, der ersten bedeutenderen Frau in der englischsprachigen Dichtung. Im Stil der Zeit meditierte sie über Leben, Tod und die Weltläufe; im eigenen Ton besang sie ihre Verbundenheit mit Mann und Kindern in der neuen Heimat. Sie hatte in England im Hause des Earl of Lincoln Zugang zu Büchern und Bildung gehabt; in Amerika gehörte sie durch ihren Vater Thomas DUDLEY und ihren Mann Simon BRADSTREET — beide waren wiederholt Gouverneur — zu den führenden Kreisen der Kolonie. Ihre frühen kontemplativen Gedichte, noch stark unter dem Einfluß von zeitgenössischen Vorbildern,[178] erschienen 1650: ›The Tenth Muse Lately Sprung Up In America‹ (London). Eine zweite, durch ihre persönlicheren Gedichte erweiterte Ausgabe wurde nach ihrem Tod gedruckt: ›Several Poems Compiled with Great Variety of Wit and Learning, Full of Delight‹ (Boston, 1678).

2 vols. (New York, 1855) und in Stedman and Hutchinsons *A Library of American Literature*, 11 vols. (New York, 1890—1892).

[177] Dazu einige Korrekturen von Leo M. Kaiser, On the Latin in the Meserole Anthology, *EAL* 6, no. 2 (1971) 165—166.

[178] Vgl. dazu Hans Galinsky, Anne Bradstreet, Du Bartas und Shakespeare im Zusammenhang kolonialer Verpflanzung und Umformung europäischer Literatur: Ein Forschungsbericht und eine Hypothese, *Festschrift für Walter Fischer* (Heidelberg, 1959) 145—180. Helen McMahon, Anne Bradstreet, Jean Bertault and Dr. Crooke, *EAL* 3, no. 2 (1968) 118—123. Kritisch zu den Einflüssen von Du Bartas ist Austin Warren, *New England Saints* (Ann Arbor, Mich., 1956) 7—14.

Die erste moderne Ausgabe, um einige Gedichte und Prosa-Meditationen erweitert, die in einem nachgelassenen Manuskript enthalten sind, wurde 1867 von John Harvard ELLIS herausgegeben, der in der Einleitung das Leben der Dichterin rekonstruierte.[179] TYLER behandelte Anne BRADSTREET in seiner Literaturgeschichte, ohne ihr wirklich gerecht zu werden; MORISON widmete ihr ein Kapitel in ›Builders of the Bay Colony‹ (1930). Die ausführlichere literaturkritische Diskussion beginnt mit Elizabeth Wade WHITE, ›The Tenth Muse — A Tercentenary Appraisal of Anne Bradstreet‹, WMQ 8 (1951) 355—377. Über die Geschichte von Anne BRADSTREETS kritischer Rezeption und zur Bibliographie von Primär- und Sekundärwerken vgl. Ann STANFORD, ›Anne Bradstreet. An Annotated Checklist‹, EAL 3, no. 3 (1968/69) 217—228.[180]

Die männlichen Kollegen haben Anne BRADSTREET besonderen Tribut gezollt; zu ihrem Gedenken schrieb der jüngere Zeitgenosse John NORTON ›A Funeral Elogy‹ von besonderer Beredsamkeit;[181] John BERRYMAN widmete ihr in unserer Zeit ein langes Gedicht.[182] In den letzten Jahren sind zwei Bücher über

---

[179] *The Works of Anne Bradstreet in Prose and Verse* (Charlestown, Mass., 1867; repr. New York, 1932 and Gloucester, Mass., 1962). Weitere Ausgaben sind: *The Works of Anne Bradstreet,* ed. Jeannine Hensley (Cambridge, Mass., 1967) mit einem Vorwort von Adrienne Rich und einer Einleitung der Herausgeberin; und *The Tenth Muse (1650) and, From the Manuscripts, Meditations Divine and Morall Together with Letters and Occasional Pieces by Anne Bradstreet,* ed. Josephine K. Piercy (Gainesville, Fla., 1965).

[180] Von der Vf. erschienen mehrere kürzere Studien, wohl aus dem Material ihrer Dissertation von 1962: Anne Bradstreet as a Meditative Writer, *California English Journal* II (Winter, 1966) 24—31; Anne Bradstreet: Dogmatist and Rebel, *NEQ* 39 (1966) 373—389; Anne Bradstreet's Portrait of Sir Philip Sidney, *EAL* 1 (1966/67) 11—13.

[181] Zusammen mit Tributen von Nathaniel Ward und John Rogers in Miller-Johnson, *The Puritans* II, 580—585.

[182] *Homage to Mistress Bradstreet* (New York, 1956).

die Dichterin erschienen[183] sowie mehrere ausführlichere Studien.[184]

Michael WIGGLESWORTH, von der Nachwelt viel weniger geschätzt als Anne BRADSTREET, erfreute sich zu seinen Lebzeiten ganz ungewöhnlichen Erfolgs: seine krasse Vergegenwärtigung des Jüngsten Gerichts, ›The Day of Doom‹, war die meistgelesene Dichtung in Neu England.[185] Die gnadenlosen Visionen dieses epischen Gedichts ließen WIGGLESWORTH als den typischen, düsteren Puritaner erscheinen, während er in Wirklichkeit mit seiner anfälligen Gesundheit und seinem schwierigen Nervenkostüm eher eine Ausnahme unter den Neuengländern der ersten Generation war.[186] WIGGLESWORTH befaßte sich mit den Krisen in der Geschichte der Kolonie: ›God's Controversy with New England. Written in Time of the Great Draught Anno 1662‹, PMHS 12 (1873) 83—93. Seine späteren Gedichte sind unter dem bezeichnenden Titel ›Meat Out of the Eater or Meditations Concerning the Necessity, End, and Usefulness of Affliction unto God's Children‹ (1670; repr. Boston, 1717) erschienen.[187] Nur wenige Kritiker haben sich mit seinem dichte-

[183] Josephine K. Piercy, *Anne Bradstreet* (New Haven, Conn., 1965); Elizabeth Wade White, *Anne Bradstreet, The Tenth Muse* (1971).

[184] Robert D. Richardson, The Puritan Poetry of Anne Bradstreet, *Texas Studies in Literature and Language* 9 (1967) 317—331; Alvin H. Rosenfeld, Anne Bradstreet's Contemplations: Patterns of Form and Meaning, *NEQ* 43 (1970) 79—96, und Rosemary M. Laughlin, Anne Bradstreet: Poet in Search of Form, *AL* 42 (1970—71) 1—17.

[185] *The Day of Doom: or A Poetical Description of the Great and Last Judgment* (Cambridge, Mass., 1662); moderne Ausgabe von Kenneth B. Murdock, ed., *The Day of Doom* (New York, 1929 und 1966).

[186] Einen Einblick in die Person gibt das Tagebuch: *The Diary of Michael Wigglesworth 1653—1657. The Conscience of a Puritan*, ed. Edmund S. Morgan (New York, 1965), vorher in *PCSM* 35 (Dec., 1946) 311—344.

[187] Vgl. Matt B. Jones, Notes for a Bibliography of Michael Wigglesworth's *Day of Doom* and *Meat Out of the Eater*, *PAAS* N. S. 39 (1929) 77—84.

rischen Werk befaßt.[188] Über WIGGLESWORTHS Karriere in Harvard ist MORISON, ›Harvard College in the 17th Century‹ zu konsultieren. Die Biographie von Richard CROWDER, ›No Featherbed to Heaven. A Biography of Michael Wigglesworth, 1631—1705‹ (East Lansing, Mich., 1962) enthält auch eine Bibliographie der Werke und Briefe.

Die Entdeckung von Edward TAYLOR in der Mitte der dreißiger Jahre unseres Jahrhunderts bereicherte die puritanische Dichtung um ihre bedeutendste Gestalt und erschütterte die Vorstellungen, die man über den Puritanismus als poesiefeindliche Geistesrichtung entwickelt hatte. Hier war ein Geistlicher, der die intensive theologische Leidenschaft des Puritaners in Dichtung umsetzte und in einer starken und faszinierenden Bildersprache ausdrückte. Thomas H. JOHNSON, mit der Vorbereitung für die mit MILLER gemeinsam herauszugebende Anthologie befaßt, hatte in der Yale Bibliothek einen handgeschriebenen Quartoband mit Dichtungen TAYLORS entdeckt[189]: Elegien, teils lateinisch, teils englisch, Epigramme, in Vers gesetzte Bibelstellen, Gelegenheitsgedichte sowie das auf verschiedene Stimmen verteilte lange Gedicht ›Gods Determinations touching his Elect: and the Elects Combat in their Conversion, and Coming up to God in Christ together with the Comfortable Effects Thereof‹ sowie 217 in zwei Zyklen durchgezählte Meditationen, die nach ihren beigefügten Datierungen in den Jahren 1682 bis 1725 entstanden waren: ›Preparatory Meditations before my Approach

---

[188] Francis O. Matthiessen, Michael Wigglesworth. A Puritan Artist, *NEQ* 1 (1928) 491—504, bricht eine Lanze für den Dichter und zieht sogar Coleridges ›Ancient Mariner‹ zum Vergleich heran. Siehe auch Arthur Strange, Michael Wigglesworth Reads the Poets, *AL* 31 (1959/1960) 325—326 und Richard M. Gummere, Michael Wigglesworth: From Kill-Joy to Comforter, *Classical Journal* 62 (1966) 1—8.

[189] Darüber und über andere Mss. vgl. die ausführliche Beschreibung in Stanfords *Poems*, LIV—LVII, und Appendix 2, 502—516, sowie die knappere, aber durch einige neu aufgefundene Mss. vervollständigte Liste von Grabo in *15 American Authors* (Madison, Wisc., 1970) 338—340.

to the Lords Supper. Chiefly upon the Doctrin preached upon the Day of Administration‹.

JOHNSON veröffentlichte zunächst einige Gedichte aus seinem Fund in einer Zeitschrift[190] und dann eine größere Auswahl als ›The Poetical Works of Edward Taylor‹.[191] Dieser Band enthält neben ›Gods Determinations‹ einige Gedichte und 31 Meditationen, eine kurze Biographie, eine Einführung in die Dichtung, ein Glossar und Anmerkungen sowie eine Liste von TAYLORS Bibliothek. Damit waren die Grundlagen für die frühe Diskussion von TAYLORS Dichtungen geschaffen, die 1960 durch die Ausgabe von Donald E. STANFORD, ›The Poems of Edward Taylor‹ (New Haven, Conn., 1960)[192] auf eine breitere Basis gestellt wurde. Mit einem Vorwort von Louis L. MARTZ, einer Einleitung von STANFORD, Appendizes über Manuskripte und Editionen, mit Glossar und Anmerkungsapparat ist dies die bisher vollständigste Ausgabe, wenn sie auch trotz ihres Titels keineswegs das gesamte Dichtwerk TAYLORS enthält.[193] Zum ersten Mal wurden hier neben ›Gods Determinations‹ und einer Auswahl von Gedichten sämtliche Meditationen gedruckt.[194]

---

[190] Edward Taylor: A Puritan Sacred Poet, *NEQ* 10 (1937) 290—322. Über die Editionen von Taylors Gedichten siehe Appendix 1 bei Stanford, *Poems*; weiterführend ist der Abschnitt: Editions, Grabo, *15 American Authors*, 335—338.

[191] Zuerst erschienen New York, 1939; dann Princeton, N. J., 1943, und 1966 dort als Paperback.

[192] Eine gekürzte Paperback-Ausgabe erschien ebenda 1963.

[193] Die Ausgabe basiert auf der ungedruckten Dissertation von Stanford, An Edition of the Complete Poetical Works of Edward Taylor (Stanford University, 1953), *Dissertation Abstracts* (1954) 528, auch University Microfilms, Ann Arbor, Michigan, die alle Gedichte des Yale Manuskripts enthält. Die lange Einleitung diskutiert Leben, theologische Position und Dichtwerk. Der Text der Gedichte ist für die Ausgabe der *Poems* nochmals überprüft worden (Taylors Handschrift ist außerordentlich schwierig); die Modernisierung von Taylors sehr eigenwilliger Zeichensetzung bietet allerdings Probleme.

[194] Über diese Edition und ihre Auslassungen vgl. Alfred Weber,

Ein weiteres, dichterisch jedoch weit weniger bedeutsames Werk ›Edward Taylor's Metrical History of Christianity‹ veröffentlichte STANFORD als Schreibmaschinenmanuskript (Cleveland, Ohio; Micro Photo, 1962).[195] Von besonderer Bedeutung für das Verständnis der Meditationen ist ›Edward Taylor's Christographia‹, ed. Norman S. GRABO (New Haven, Conn., 1962), da sie das Verhältnis von Meditation und Abendmahls-Predigt dokumentiert: für die Meditationen 42 bis 56 der 2. Serie sind nämlich die dazugehörigen Predigten erhalten,[196] die sich mit der Christologie, vor allem mit dem Dogma der menschlichen und göttlichen Natur Christi befassen.[197] Seit den ersten Veröffentlichungen der Gedichte gibt es eine nicht abreißende Diskussion, die in den letzten Jahren außerordentlich angeschwollen ist.[198]

Edward Taylor: Notizen zu einem Forschungsbericht, *JA* 7 (1962) 320—334.

[195] Dazu Stanford, Edward Taylors Metrical History of Christianity, *AL* 33 (1961) 279—295. Thomas M. Davis veröffentlichte: Edward Taylor's 'Valedictory' Poems, *EAL* 7, no. 1 (1972) 38—63.

[196] Weitere Predigten gab Grabo als *Edward Taylor's Treatise Concerning the Lord's Supper* (East Lansing, Mich., 1965) heraus. Vgl. auch Thomas M. Davis and Virginia Davis, Edward Taylor on the Day of Judgment, *AL* 43 (Jan., 1972) 525—547. Ders., Edward Taylor 'Occasional Meditations' *EAL* 5, no. 3 (1971) 17—29, findet wenig Bestätigung für den Zusammenhang von Meditation und Predigt.

[197] Grabo argumentiert in seiner Einleitung (S. XXXIV), daß Taylor die Meditationen *nach* den Predigten schrieb; anderer Meinung ist Robert M. Benton, Edward Taylor's Use of his Text, *AL* 39 (1967) 31—41. Mit diesem Problem befaßt sich auch Donald Junkins, Edward Taylor's Creative Process, *EAL* 4, no. 3 (1969/70) 67—78.

[198] Eine bis 1970 reichende, wenn auch in mehreren Anläufen zusammengetragene, etwas holprige Bibliographie erstellte Mary Jane Elkins in *EAL* in den Heften *EAL* 4, no. 1 (1969/70) 56—63; Ergänzungen erschienen in *EAL* 4, no. 3 (1969/70) 117—119, *EAL* 5, no. 2 (1970), 62 und 5, no. 3 (1971) 91—94. Manuskripte, Primär- und ausgewählte Sekundärliteratur verzeichnet Constance J. Gefvert, *Edward Taylor. An Annotated Bibliography, 1668—1970*, The Serif Series,

Eine Biographie TAYLORS, von dessen englischer Zeit man wenig weiß — noch nicht einmal das Geburtsdatum (1642? 1646?) —, existiert nicht; die ausführlichsten biographischen Daten sind in STANFORDS Einleitungen und seiner Broschüre ›Edward Taylor‹ (University of Minnesota Pamphlets Nr. 52; Minneapolis, Minn., 1965) enthalten.[199] Das einzige Buch über TAYLORS Leben und Werk, eine Art aus dem Werk entwickelte innere Biographie, schrieb Norman S. GRABO, ›Edward Taylor‹ (New York, 1961).[200] Umstritten ist die Frage, ob TAYLOR ein orthodoxer Puritaner war. Sie stellte sich schon JOHNSON und hat auf die eine oder andere Weise die Kritiker bis heute beschäftigt: wie konnte dieser puritanische Geistliche, der für seine Grenzgemeinde Westfield fünfzig Jahre lang mit geistlichem und medizinischem Rat sorgte, Gedichte von so glühender und oft sinnlicher Bildlichkeit schreiben? Da er den Erben die Veröffentlichung seiner Gedichte untersagt haben soll,[201] verstärkte sich der Verdacht einer heimlichen Unorthodoxie.[202]

Die TAYLOR-Diskussion begann mit der Bemühung um literar-

no. 19 (Kent State University Press, 1971). Norman S. Grabo schrieb einen bibliographischen Essay über Taylor in *15 American Authors* (Madison, Wisc., 1970) 333—356, aus der hervorragenden Kenntnis, die er als einer der bedeutendsten Taylor-Forscher hat. Die Abschnitte "Bibliography, Editions, Manuscripts and Letters" informieren eingehend; sein Überblick über "Criticism" ist eine interessante Übersicht von wichtigen Arbeiten.

[199] Teile aus Taylors Tagebuch, zuerst in *PMHS* 18 (April, 1880) 4—18 abgedruckt, erschienen als *The Diary of Edward Taylor* (Springfield, Mass., *Connecticut Valley Historical Museum*, 1964).

[200] Von dem dort herausgestellten starken „mystischen" Zug hat sich Grabo in *15 American Authors*, 351, distanziert.

[201] Kritisch dazu: Emmy Shepard, Edward Taylor's Injunction Against Publication, *AL* 33 (1962) 512—513, und Francis Murphy in *AL* 34 (1962) 393—394.

[202] Grabo und Stanford argumentierten in ihren Büchern für Orthodoxie; vgl. auch Stanford, Edward Taylor and the Lord's Supper, *AL* 27 (1955) 172—178, und Grabo, Edward Taylor on the Lord's

historische Einordnung, wobei die Bestimmung seiner Verwandtschaft zu den barocken [203] oder den „metaphysischen" [204] Dichtern noch an TAYLORS charakteristischer Eigenart vorbeiinterpretierte. Auch die Zusammenhänge mit der Tradition der "Morality Plays" wurde erörtert.[205] Diese Aufmerksamkeit für einen konsequent religiösen Dichter schien gegen alle Regeln der geltenden Ästhetik zu verstoßen, und so stellten einige Forscher die Frage nach TAYLORS Bedeutung und damit auch nach den Entfaltungsmöglichkeiten der Dichtung innerhalb der puritanischen Kultur Neuenglands.[206]

Nach diesen einleitenden Diskussionen gab es in den fünfziger Jahren die ersten intensiven Interpretationen.[207] Eine wichtige Basis für das Verständnis schuf Louis L. MARTZ, der in ›The Poetry of Meditation‹ (New Haven, Conn., 1954) Formen und

Supper, *BPLQ* 12 (1960) 22—36, sowie ders., Catholic Tradition, Puritan Literature and Edward Taylor, *PMASAL* 45 (1960) 395—402.
— Einen griechisch-platonischen Einfluß sieht Willie T. Weathers, Edward Taylor: Hellenistic Puritan, *AL* 18 (1946) 18—26, und Edward Taylor and the Cambridge Platonists, *AL* 26 (1954) 1—31.

[203] Austin Warren, Edward Taylor's Poetry: Colonial Baroque, *KR* 3 (1941) 355—371, in etwas veränderter Form als Kapitel in *Rage for Order* (Ann Arbor, Mich., 1948).

[204] Wallace Cable Brown, Edward Taylor: An American Metaphysical, *AL* 16 (1944) 186—197. Dazu auch Harold Jantz, *The First Century of New England Verse* (New York, 1962).

[205] Nathalia Wright, The Morality Tradition in the Poetry of Edward Taylor, *AL* 18 (1946) 1—17. Kritisch dazu Willie T. Weathers in: Edward Taylor, Hellenistic Puritan, ebenda 18—26.

[206] Sidney E. Lind, Edward Taylor: A Revaluation, *NEQ* 21 (1948) 518—530, sieht in Taylor einen mittelmäßigen Dichter, der durch seinen Glauben in der Entfaltung seiner poetischen Möglichkeiten behindert wurde. Roy Harvey Pearce, The Poet as Puritan, *NEQ* 33 (1950) 31—46, versuchte, Taylor als puritanischen Dichter zu begreifen; abgedruckt auch in Pearce, *The Continuity of American Poetry* (Princeton, 1961) 42—54.

[207] Herbert Blau, Heaven's Sugar Cake: Theology and Imagery in the Poetry of Edward Taylor, *NEQ* 36 (1953) 337—360, und

Intentionen katholischer, anglikanischer und puritanischer Devotionsdichtung bestimmte.[208] STANFORDS Ausgabe der ›Poems‹ regte durch den Abdruck sämtlicher Meditationen zu einer intensiven Beschäftigung mit diesen Dichtungen an. In der folgenden Zeit interessierten sich auch nicht-amerikanische Forscher für TAYLOR.[209] In Deutschland erschienen eine Reihe von Arbeiten: Ursula BRUMM ›Edward Taylors Meditationen über das Abendmahl‹,[210] in: ›Die religiöse Typologie im amerikanischen Denken‹ (1963) 49—72 wies auf die Bedeutung der Typologie für TAYLOR hin;[211] Peter NICOLAISEN untersuchte als

Mindele Black, Edward Taylor: Heaven's Sugar Cake, *NEQ* 29 (1956) 159—181.

[208] Vgl. auch das Taylor-Kapitel in Martz, *The Poems of the Mind. Essays on Poetry, English and American* (1960). Die meditative Methode von Taylor und Thomas Hooker vergleicht Stephen Fender, Edward Taylor and The Application of Redemption, *MLR* 59 (1964) 331—334.

[209] Johannes Hedberg, Meditations Linguistic and Literary on 'Meditation Twenty-Nine' by Edward Taylor, *Moderna Språk* (1960) 253—270.

[210] Ohne Kenntnis dieser Arbeit verfolgte Kathleen Blake einen ähnlichen Gedankengang: Edward Taylor's Protestant Poetic: Nontranssubstantiating Metaphor, *AL* 43 (1971) 1—24.

[211] Zur Typologie bei Taylor ferner dies., Der 'Baum des Lebens' in den Meditationen Edward Taylors, *JA* 12 (1967) 109—123; die englische Übersetzung erschien in *EAL* 3 (1968) 72—87; diese Arbeit will die theologische Bedeutung von Taylors Bildgebrauch klären, sie ist eine Auseinandersetzung mit Cecelia L. Halbert, Tree of Life Imagery in the Poetry of Edward Taylor, *AL* 38 (1966) 23—34. Siehe auch Thomas Werge, The Tree of Life in Edward Taylor's Poetry: The Sources of a Puritan Imagery, *EAL* 3 (1968/69) 199—204. Ferner Thomas M. Davis, Edward Taylor and the Traditions of Puritan Typology, *EAL* 4, no. 3 (1969/70) 27—47; Robert Reiter, Poetry and Typology: Edward Taylor's Preparatory Meditations, Second Series, Numbers 1—30, *EAL* 5, no. 1 (1970) 111—123 und Karl Keller, The World Slickt Up in Types: Edward Taylor as A Version of Emerson, ebenda 124—140.

erster die Bildlichkeit in TAYLORS gesamten Werk;[212] die bisher ausführlichste Untersuchung von ›Strophe, Vers und Reim in Edward Taylors Meditationen‹ lieferte Fritz W. SCHULZE.[213]

In Amerika erschienen in den sechziger Jahren, vor allem seit 1965, eine Fülle von Arbeiten, von denen sich einige mit ›Gods Determinations‹,[214] die meisten jedoch mit den ›Preparatory Meditations‹ befassen. John CLENDENNING, ›Piety and Imagery in Edward Taylor's 'The Reflexion'‹, AQ 16 (1964) 203—210, fordert dazu auf, durch intensive Interpretation des einzelnen Gedichts zu einem tieferen Verständnis von TAYLOR zu kommen; die meisten Untersuchungen einzelner Gedichte sind jedoch nur kurz.[215] Die Frage von TAYLORS dichterischer Sorgfalt wurde von Donald JUNKINS ›Edward Taylor's Revisions‹, AL 37 (1965) 135—152, anhand der existierenden Fassungen untersucht. Mit Eigenart und Bedeutung von TAYLORS Bildlichkeit befassen sich

[212] *Die Bildlichkeit in der Dichtung Edward Taylors* (Neumünster, 1966). Bilder des Singens bei Taylor diskutiert Franz H. Link, Edward Taylors Dichtung als Lobpreis Gottes, *JA* 16 (1971) 77—101.

[213] *Literatur und Sprache der Vereinigten Staaten. Aufsätze zu Ehren von Hans Galinsky* (Heidelberg, 1969) 11—33. Weitere Aufsätze zu formalen Aspekten sind William R. Manierre, Verbal Patterns in the Poetry of Edward Taylor, *CE* 23 (1962) 296—299. Charles W. Mignon, Diction in Edward Taylor's Preparatory Meditations, *AS* 41 (1966) 243—253. Gene Russell, Dialectical and Phonetic Features of Edward Taylor's Rhymes. A Brief Study Based on a Computer Concordance of His Poems, *AL* 43 (1971) 165—180, ist leider ohne Kenntnis der Arbeit von Schulze. Kenneth R. Ball, Rhetoric in Edward Taylor's Preparatory Meditations, *EAL* 4, no. 3 (1969/70) 79 bis 88.

[214] Jean L. Thomas, Drama and Doctrine in *God's Determinations*, *AL* 35 (1965) 452—462; Michael Colacurcio, *God's Determinations Touching Half-Way Membership:* Occasion and Audience in Edward Taylor, *AL* 39 (1967) 298—314, und Sargent Bush, Jr., Paradox, Puritanism and Taylor's *God's Determinations*, *EAL* 4, no. 3 (1969/70) 48—66.

[215] Einzelne Gedichte behandeln: G. Giovanni, Taylor's 'The Glory and the Grace in the Church Set Out', *Expl.* 6 (1948) 26; Sister

eine Reihe von Aufsätzen.[216] Peter THORPE, ›Edward Taylor as Poet‹, NEQ 39 (1966) 356—372, verteidigt TAYLOR wegen der poetischen Regelwidrigkeiten, die ihm von der Kritik vorgeworfen wurden.

In einigen Arbeiten der letzten Zeit zeichnet sich ein neues Verständnis für TAYLOR ab: er wird als gläubiger Puritaner, aber gleichzeitig als amerikanischer Dichter interpretiert, dessen Aus-

---

M. Laurentia, Taylor's 'Meditation Forty-Two', *Expl.* 8 (1949) 19; Anne Marie McNamara, Taylor's 'Sacramental Meditation Six', *Expl.* 17 (1958) 3; Norman S. Grabo, Taylor's 'Sacramental Meditation Six', *Expl.* 18 (1960) 40; Sister M. Teresa Clare, Taylor's 'Meditation Sixty-Two', *Expl.* 19 (1960) 16; Raymond J. Jordan, Taylor's 'The Ebb and Flow', *Expl.* 20 (1962) 67; Grabo, Edward Taylor's Spiritual Huswifery, *PMLA* 79 (1964) 554—560; Gerhard T. Alexis, Taylor's 'Meditation Eight', *Expl.* 24 (1966) 77; Allen R. Penner, Edward Taylor's 'Meditation One', *AL* 39 (1967) 193—199; Robert Secor, Taylor's 'Upon A Spider Catching a Fly', *Expl.* 26 (1968) 42; Edward M. Griffin, The Structure and Language of Taylor's Meditation 2.112, *EAL* 3, no. 3 (1968/69) 205—208; Robert D. Arner, Edward Taylor's Gaming Imagery: Meditation 1.40, *EAL* 4, no. 1 (1969/70) 38—40; George Monteiro, Taylor's Meditation Eight, *Expl.* 27 (1969) 45; Gene Russell, Taylor's 'Upon Wedlock, and Death of Children', *Expl.* 27 (1969) 71; C. R. B. Combellack, Taylor's 'Upon Wedlock, and Death of Children', *Expl.* 29 (1970) 12. Eine eingehende Untersuchung lieferte Erdmute Lang, 'Meditation 42' von Edward Taylor, *JA* 12 (1967) 92—108. Eine Interpretation von Meditation I, 10 von Ursula Brumm wird in *Die amerikanische Lyrik* (Düsseldorf, 1973) erscheinen.

[216] Clark Griffith, Edward Taylor and the Mementum of Metaphor, *ELH* 33 (1960) 448—460; Evan Prosser, Edward Taylor's Poetry, *NEQ* 40 (1967) 375—398; Donald Junkins, 'Should Stars Wooe Lobster Claws?': A Study of Edward Taylor's Poetic Practice and Theory, *EAL* 3 (1968) 88—117; Thomas E. Johnston, Jr., Edward Taylor: An American Emblematist, *EAL* 3 (1968/69) 186—198, und Karl Keller, The Rev. Mr. Edward Taylor's Bawdry, *NEQ* 43 (1970) 382—406, eine Untersuchung erotischer und skatologischer Bildlichkeit bei Taylor.

sagen eine metaphorische Gültigkeit für den modernen Leser haben.[217] So wird dieser seltsame Paradiesvogel, ein puritanischer Dichter von glühender Bildlichkeit, wirklich in die amerikanische Dichtung aufgenommen.

6. Jonathan Edwards

Jonathan EDWARDS (1703—1758), Sproß einer Geistlichendynastie in Connecticut, ist der bedeutendste Denker, den der amerikanische Puritanismus hervorgebracht hat. EDWARDS markiert sowohl Endphase wie Übergang. Er hat die theologischen Probleme seines Glaubens mit philosophischer Unbedingtheit durchdacht und noch einmal mit absolutem Anspruch vertreten; deshalb galt er, und gilt manchen auch noch, als brillanter Vertreter einer bereits erstarrten Theologie. EDWARDS hat jedoch die neuen philosophischen Strömungen des 18. Jahrhunderts in sein Gedankengerüst eingebaut, und er hat auch wesentlich an der Bewegung des "Great Awakening" mitgewirkt, die dazu beitragen sollte, die religiöse Substanz und auch die institutionelle Struktur des Puritanismus umzuwandeln.

[217] Dieses Bemühen ist auch in der in der vorigen Anmerkung zitierten Arbeit von Junkins deutlich. E. F. Carlisle, The Puritan Structure of Edward Taylor's Poetry, *AQ* 20 (1968) 147—163, entdeckt eine individuelle "deep form" in den Gedichten Taylors. Siehe auch Charles W. Mignon, Edward Taylor's *Preparatory Meditations*: A Decorum of Imperfection, *PMLA* 83 (1968) 1423—1428. Karl Keller, The Example of Edward Taylor, *EAL* 4, no. 3 (1969/70) 5—26, sieht etwas typisch Amerikanisches in Taylors Auseinandersetzungen über die Kunst des Dichtens in den Meditationen. In: Edward Taylor and the Poetic Use of Religious Imagery, *Typology and Early American Literature*, ed. Sacvan Bercovitch (Amherst, Mass., 1972) 191—206 diskutiert Ursula Brumm den zeitlosen Aspekt von Taylors theologischer Bildlichkeit. Alan B. Howard, The World as Emblem: Language and Vision in the Poetry of Edward Taylor, *AL* 44 (1972) 359—384, stellt Taylor in die Tradition der Emblemliteratur.

Jonathan EDWARDS ist für den Literaturwissenschaftler eine schwierige Gestalt, da seine Leistung auf sehr spezifische Weise in die Theologie und die Philosophie gehört und damit auch die Diskussion über ihn zum guten Teil in diesen Disziplinen stattfindet. Auch die Textsituation ist bei EDWARDS immer noch kompliziert und unbefriedigend, denn es hat sich herausgestellt, daß in den Editionen des 19. Jahrhunderts, die alle in der letzten Zeit reproduziert worden sind, von den Herausgebern der oft schwierige Stil von EDWARDS geändert worden ist, manche Stellen sogar geradezu umgeschrieben wurden.[218] Die Yale Universität gibt zur Zeit eine neue kritische Ausgabe ihres bedeutenden Alumnus heraus, von der bisher 4 Bände erschienen sind.[219] Mit Spannung wird von den EDWARDS-Forschern der von Thomas A. SCHAFER vorbereitete Band der bisher ungedruckten ›Miscellanies‹ erwartet, deren Edition besondere Schwierigkeiten bie-

---

[218] *Works*, ed. Edward Williams and Edward Parsons, 8 vols. (Leeds, England, 1806—1811; repr. London, 1817) und mit 2 zusätzlichen Bänden 1847 in Edinburgh von R. Ogle herausgebracht (repr. New York, 1966); *Works*, ed. Samuel Austin, 8 vols. (Worcester, Mass., 1808—1809) wurde mehrfach mit zusätzlichem Material nachgedruckt; *Works*, ed. Sereno E. Dwight, 10 vols. (New York, 1829—1830) enthält die weitgehendsten Eingriffe des Herausgebers. *Works*, ed. E. Hickman, 2 vols. (London, 1833) mehrfach in verschiedener Anzahl von Bänden nachgedruckt. — Vgl. Thomas H. Johnson, *The Printed Writings of Jonathan Edwards, 1703—1758. A Bibliography* (Princeton, N. J., 1940). Johnson sagt nichts zum Problem der Textveränderung durch die Herausgeber. — Siehe auch die Bibliographie in *Jonathan Edwards, Representative Selections*, ed. Clarence H. Faust and Thomas H. Johnson, sowie Everett H. Emerson, *15 American Authors* (Madison, Wisc., 1971), 170 ff.

[219] *The Works of Jonathan Edwards* (New Haven, Conn.): vol. 1, *Freedom of the Will*, ed. Paul Ramsay (1957); vol. 2, *Religious Affections*, ed. John E. Smith (1959); vol. 3, *Original Sin*, ed. Clyde A. Holbrook (1970); vol. 4, *The Great Awakening*, ed. C. C. Goen (1972).

tet.[220] Eine Reihe von Schriften hat schon vor der Yale-Ausgabe eine moderne Edition erfahren;[221] die wichtigsten davon sind ›Images or Shadows of Divine Things by Jonathan Edwards‹, ed. Perry MILLER (New Haven, Conn., 1948) und ›"The Mind" of Jonathan Edwards, A Reconstructed Text‹, ed. Leon HOWARD (Berkeley, Calif., 1963).[222]

Der literarisch interessierte Leser wird den Zugang zu EDWARDS am besten über ›Jonathan Edwards: Representative Selections‹, ed. Clarence H. FAUST and Thomas H. JOHNSON (New York, 1935; rev. ed. 1962) suchen. Er findet hier eine Auswahl aus den bedeutendsten Schriften und eine ausgewählte, klug annotierte Bibliographie. — Die erste Biographie von EDWARDS stammt von seinem Schüler und geistigen Nachfolger Samuel HOPKINS, ›The Life and Character of the Late Reverend Mr. Jonathan Edwards‹ (1765). Sie ist als persönlicher Bericht immer noch wertvoll, enthält außerdem die beste Ausgabe der inzwischen verlorenen "Personal Narrative" und Auszüge aus den Tagebüchern.[223] Edwards' Leben und Wirken, die unglücklichen Auseinandersetzungen mit seiner Gemeinde in Northampton,[224] die ihn absetzte, seine Rolle in der Entstehungs-

---

[220] Thomas A. Schafer hat in *EAL* 3, no. 3 (Winter 1968/69) 159—168, über: Manuscript Problems in the Yale Edition of Jonathan Edwards, und dabei auch über die Geschichte des Nachlasses berichtet. Siehe auch Stephen J. Stein, A Notebook on the Apocalypse by Jonathan Edwards, *WMQ* 29 (1972) 623—643.

[221] Vgl. dazu *15 American Authors*, p. 171 f. Everett Emerson hat hier auch einen ausgezeichneten Überblick über die wichtigste Sekundärliteratur gegeben.

[222] *Edwards' 'The Nature of True Virtue'*, ed. William K. Frankena (Ann Arbor, Mich., 1960) ist auch als Paperback herausgegeben worden.

[223] Sereno E. Dwight hat Hopkins für seine eigene umfangreiche Biographie benutzt, *The Life of President Edwards*, vol. 1 der von ihm herausgegebenen *Works*. Diese Biographie enthält wichtige Briefe, Dokumente und Schriften von Edwards.

[224] Dazu auch Thomas H. Johnson, Jonathan Edwards and the 'Young Folks' Bible, *NEQ* 5 (1932) 37—54, Edwin Sponseller,

geschichte des "Great Awakening" und in der Universitätsgeschichte der Zeit, hat auch theologisch nicht besonders interessierte Forscher gereizt, und so hat Ola E. WINSLOW, ›Jonathan Edwards 1703—1758. A Biography‹ (New York, 1940) die ausführlichste und beste Lebensgeschichte geliefert, ohne sich mit der geistigen Dimension im eigentlichen Sinne zu befassen.[225]

›Jonathan Edwards. A Profile‹, ed. David LEVIN (New York, 1969; auch Paperback) bietet eine vorzügliche Einführung in die biographische und geistesgeschichtliche Seite der EDWARDS-Forschung. LEVIN druckt HOPKINS' Biographie ab und ein kürzeres Porträt von Williston WALKER sowie Kapitel aus den Biographien von Henry Bamford PARKES[226] und Ola WINSLOW. Abschnitte aus umfangreicheren Arbeiten von Perry MILLER, John E. SMITH, James CARSE und Peter GAY bestreiten die Auseinandersetzung mit dem Theologen und Philosophen EDWARDS.

Die moderne Diskussion über EDWARDS' intellektuelle Position beginnt mit Perry MILLER, ›Jonathan Edwards‹ (New York, 1949; als Paperback 1959). "Edwards' preaching was America's sudden leap into modernity" (S. 147): Für MILLER ist EDWARDS eine tragische, zu früh hinweggeraffte Gestalt am Anfang der eigentlich modernen amerikanischen Geistesgeschichte; ein Theologe, der als erster die typischen Probleme des amerikanischen Geistes durchlebte, aber sie oft nur in "cyphers", auf kryptische oder mystifizierte Weise ausdrücken konnte. MILLERS Buch ist auf Kritik gestoßen;[227] er hat auch bestimmte theo-

---

Northampton and Jonathan Edwards. Shippensburg State College, Faculty Monograph Series 1 (Shippensburg, Pa., 1966) bringt nicht viel Neues.

[225] Siehe auch dort die Bibliographie.

[226] Parkes' Biographie *Jonathan Edwards: the Fiery Puritan* ist nur für den Zeithintergrund empfehlenswert.

[227] Vgl. den "review article" von James H. Nichols, *CH* 20 (1951) 75—82, und Vincent Tomas, The Modernity of Jonathan Edwards, *NEQ* 25 (1952) 60—84. In seinem Edwards-Kapitel in *Loss of*

logische Positionen von EDWARDS verkannt.[228] Dennoch hat niemand anders EDWARDS' Position in den Strömungen des 18. Jahrhunderts so komplex gesehen, seine Bedeutung für die amerikanische Geistesgeschichte so brillant bestimmt.[229]

In den sechziger Jahren erschienen eine Reihe längerer Studien, die sich alle auf die eine oder andere Weise auch mit MILLER auseinandersetzen.[230] John H. GERSTNER, ›Steps to Salvation: The Evangelistic Message of Jonathan Edwards‹ (Philadelphia, 1960) stützt sich auf unveröffentlichte Predigten;[231] sehr große philosophische Parallelen bemüht Douglas ELWOOD, ›The Philosophical Theology of Jonathan Edwards‹ (New York, 1960).[232] Alfred Owen ALDRIDGE, ›Jonathan Edwards‹ (New York, 1964) ist von einem Kenner der Aufklärung geschrieben, der sich weniger mit der theologischen Gedankenwelt befaßt. Als wich-

---

Mastery hat Peter Gay sich mit Miller auseinandergesetzt. Über die Behandlung, die Edwards bei den modernen Forschern gefunden hat, Joseph E. Illick III, Jonathan Edwards and the Historians, *Journal of the Presbyterian Historical Society* 39 (1961) 230—246.

[228] Vgl. Conrad Cherry, The Puritan Notion of the Covenant in Jonathan Edwards' Doctrine of Faith, *CH* 24 (1965) 328—341.

[229] Miller veröffentlichte außerdem noch zwei Essays über Edwards: Jonathan Edwards and the Great Awakening, und: From Edwards to Emerson, beide abgedruckt in *Errand Into the Wilderness*. Zum letzteren Thema vgl. auch Ursula Brumm, Jonathan Edwards und Ralph Waldo Emerson, *Die religiöse Typologie im amerikanischen Denken*, 73—91.

[230] Ältere Studien sind Arthur McGiffert, *Jonathan Edwards* (New York, 1932) und Arthur B. Crabtree, *Jonathan Edwards' View of Man: A Study in 18th Century Calvinism* (Wallington, England, 1948). Eine Pionierarbeit war Alexander V. G. Allen, *Jonathan Edwards* (Boston, 1889).

[231] Ralph G. Turnbull, *Jonathan Edwards: The Preacher* (Grand Rapids, Mich., 1958) ist aus der Perspektive des Seelsorgers geschrieben.

[232] Kritisch dazu Robert C. Whittemore, Jonathan Edwards and the Theology of the Sixth Way, *CH* 35 (1966) 60—75.

tigste Bücher nach MILLER wird man Conrad CHERRY, ›The Theology of Jonathan Edwards. A Reappraisal‹ (New York, 1966),[233] James CARSE, ›Jonathan Edwards and the Visibility of God‹ (New York, 1967)[234] und Roland DELATTRE, ›Beauty and Sensibility in the Thought of Jonathan Edwards‹ (New Haven, Conn., 1968) benennen können.[235]

Mit EDWARDS' literarischen Interessen befaßt sich Thomas H. JOHNSON, ›Jonathan Edwards's Background of Reading‹, PCSM 28 (Dec., 1931) 193—222. Stil und literarische Bedeutung der frühen Arbeiten von EDWARDS diskutiert Egbert S. SMYTH, ›Some Early Writings of Jonathan Edwards, 1714—1726‹, PAAS 10 (Oct., 1895) 212—247 und 251—252. Zwei Aufsätze befassen sich mit EDWARDS' "Personal Narrative",[236] andere mit der Wirkung und Bedeutung seiner berühmtesten Predigt ›Sinners in the Hand of an Angry God‹, deren Höllenvisionen oft fälschlicherweise als typisch für EDWARDS oder sogar für die puritanische Predigt überhaupt angesehen werden.[237] Paul R. BAUMGARTNER, ›Jonathan Edwards: The Theory Behind His Use of Figurative Language‹, PMLA 78 (1963) 321—325 bringt Puritanertum und literarische Technik in Einklang. Über den der sprachlich-literarischen Wirkung bewußten Schriftsteller EDWARDS wird sicher noch mehr zu sagen sein, wenn weitere

---

[233] Cherry setzt sich u. a. mit Edwards' Verhältnis zur Bundestheologie und damit mit Miller auseinander.

[234] Bei Carse spielt Edwards' Verhältnis zu Locke eine besondere Rolle.

[235] Nicht in gleichem Maße mit Edwards und dem Puritanismus vertraut scheint Edward H. Davidson, *Jonathan Edwards: The Narrative of a Puritan Mind* (Boston, 1966).

[236] Daniel B. Shea, Jr., The Art and Instruction of Jonathan Edwards' 'Personal Narrative', AL 37 (1965) 17—32, und David C. Pierce, Jonathan Edwards and the 'New Sense' of Glory, NEQ 41 (1968) 82—95.

[237] Edwin H. Cady, The Artistry of Jonathan Edwards, NEQ 22 (1949) 61—72, und Edward H. Davidson, From Locke to Edwards, JHI 24 (1963) 355—372.

Werke in der kritischen Ausgabe und von Überarbeitung gereinigtem Text vorliegen.

Die Auseinandersetzung mit EDWARDS' Ideen findet in den Darstellungen der amerikanischen Philosophie,[238] der Kirchengeschichtsschreibung [239] und der Theologie [240] statt. Clarence H. FAUST und Theodore HORNBERGER haben sich mit EDWARDS' naturwissenschaftlichen Bemühungen beschäftigt.[241] EDWARDS' Rolle in der Erweckungsbewegung [242] wird in der klassischen Darstellung von Edwin S. GAUSTAD, ›The Great Awakening in

---

[238] Wichtige Aufsätze sind Egbert C. Smyth, Jonathan Edwards' Idealism, *American Journal of Theology* 1 (1897) 950—964; Harvey G. Townsend, The Will and the Understanding in the Philosophy of Jonathan Edwards, *CH* 16 (1947) 210—220; Wallace E. Anderson, Immaterialism in Jonathan Edwards's Early Philosophical Notes, *JHI* 25 (1964) 181—200; George Rupp, The Idealism of Jonathan Edwards, *HTR* (1969); Claude A. Smith, Jonathan Edwards and 'the Way of Ideas', *HTR* 59 (1966) 153—173. — Mit Edwards' Ethik befassen sich Rufus Suter, The Concept of Morality in the Philosophy of Jonathan Edwards, *JR* 14 (1934) 265—272 und Clyde A. Holbrook, Edwards and the Ethical Question, *HTR* 60 (1967) 163—175.

[239] Vgl. Thomas A. Schafer, Jonathan Edwards' Conception of the Church, *CH* 24 (1955) 51—66; Gerhard T. Alexis, Jonathan Edwards and the Theocratic Ideal, *CH* 35 (1966) 328—343.

[240] Vgl. Joseph Haroutunian, Jonathan Edwards: A Study in Godliness, *JR* 11 (1931) 400—419; Clarence C. Goen, Jonathan Edwards: A New Departure in Eschatology, *CH* 28 (1959) 24—50; Thomas Schafer, Jonathan Edwards and Justification by Faith, *CH* 20 (1951) 55—67.

[241] Vgl. Clarence H. Faust, Jonathan Edwards as a Scientist, *AL* 1 (1930) 393—404, und Theodore Hornberger, The Effect of the New Science Upon the Thought of Jonathan Edwards, *AL* 9 (1937) 196 bis 207.

[242] Vgl. Richard L. Bushman, Jonathan Edwards and Puritan Consciousness, *Journal for the Scientific Study of Religion* (1966) und ders., Jonathan Edwards as Great Man: Identity, Conversion, and Leadership in the Great Awakening, *Sound* (1969).

New England‹ (New York, 1957; auch Paperback) und in Alan HEIMERTS ›Religion and the American Mind from The Great Awakening to the Revolution‹ (Cambridge, Mass., 1966) diskutiert.[243]

---

[243] Zu Heimerts Buch vgl. die Besprechungen von Edmund S. Morgan in *WMQ* 24 (1967) 454—459, und von W. G. McLoughlin in *NEQ* 40 (1967) 99—110. Sehr kritisch ist Sidney E. Mead in *JR* 48 (1968) 274—288. Heimerts Thesen werden von Cedric B. Cowing, *The Great Awakening and the American Revolution* (Chicago, 1971) bestätigt. — Zum "Great Awakening" vgl. auch Anm. 248.

V. AUSKLÄNGE UND ÜBERGÄNGE

Jonathan EDWARDS war zwar nicht der „letzte Puritaner",[244] aber doch der letzte Vertreter dieses Kulturkreises, der mit einem auch heute noch beachtenswerten œuvre aufwarten kann. Unter den puritanischen Geistlichen um die Mitte des 18. Jahrhunderts gibt es noch Männer wie Samuel HOPKINS, der auf theologisch-kirchlichem Gebiet eine Rolle spielte, oder Jonathan MAYHEW,[245] der für die weitere, auf die Unabhängigkeit zielende Entwicklung bedeutsam ist.[246] Sie sind Gestalten des Ausklangs oder des Übergangs.[247]

---

[244] Der spanisch-amerikanische Philosoph George Santayana schrieb einen Roman *The Last Puritan* (1936), in dem er das psychologische Erbe des Puritanismus in einer Gestalt unserer Zeit aufzeigte. Für die amerikanische Literatur des 19. Jahrhunderts ist der Puritanismus von außerordentlicher Bedeutung, wie nicht nur das Werk von Nathaniel Hawthorne, sondern auch das von Emerson, Melville u. a. zeigt. Harriet Beecher Stowe hat u. a. in *The Minister's Wooing* (1859) und in *Oldtown Folks* (1869) Neuengland in spätpuritanischer Zeit liebevoll und kenntnisreich geschildert. Vgl. auch Randall Stewart, Puritan Literature and the Flowering of New England *WMQ* 3 (1946) 319—342.

[245] Sein wichtigstes Werk, *A Discourse Concerning Unlimited Submission and Non-Resistance to the Higher Powers* (Boston, 1750) ist abgedruckt in J. W. Thornton, *The Pulpit of the American Revolution* (Boston, 1860). Über Mayhew vgl. Alden Bradford, *Memoir of the Life and Writings of Rev. Jonathan Mayhew* (Boston, 1838) und Charles W. Akers, *Called Unto Liberty: A Life of Jonathan Mayhew (1720—1766)* (Cambridge, Mass., 1964).

[246] Dazu Alice M. Baldwin, *The New England Clergy and the America-Revolution* (Durham, N. C., 1928; repr. New York, 1958).

[247] Clarence H. Faust, The Decline of Puritanism, *Transitions in*

Die Erweckungsbewegung, in Neuengland etwa 1740—1743, ist so etwas wie eine Wasserscheide in der Landschaft des amerikanischen 18. Jahrhunderts. Von Jonathan EDWARDS und anderen Puritanern in dem Bemühen um eine Erneuerung und Intensivierung des religiösen Lebens begonnen, führte sie zu Aufsplitterung und Ablösung der puritanischen Herrschaft. "The Great Awakening" ist ein komplexes Phänomen mit theologischen, soziologischen, historisch-politischen Komponenten und Auswirkungen. Es war eine Entwicklung von außerordentlicher Dynamik und Sprengkraft und führte zu einer Umgestaltung der kirchlichen Struktur durch Spaltungen und Entstehung neuer Kirchenvereinigungen.[248] Die Bedeutung der Covenant-Idee für die Rhetorik und die Auseinandersetzungen des Unabhängigkeitskampfes bis zur „Zweiten Erweckungsbewegung" hat Perry Miller, ›From the Covenant to the Revival‹, ›The Shaping of American Religion‹, ed. James Ward Smith and A. Leland Jamison (Princeton, N. J., 1961) 322—368, nachgewiesen. Edmund S. Morgan, ›The Puritan Ethic and the American Revolution‹, *WMQ* 24 (1967) 3—43, stellt die sittlichen Zusammenhänge heraus.

American Literary History, ed. Harry Hayden Clark (Durham, N. C., 1953) 3—47.

[248] Neben den oben genannten Werken von Gaustad und Heimert siehe vor allem *The Great Awakening. Documents Illustrating the Crisis and its Consequences,* ed. Alan Heimert and Perry Miller (Indianapolis, New York, 1967). Darrett B. Rutman nahm in seine schmalere Anthologie auch Sekundärliteratur auf: *The Great Awakening. Event and Exegesis* (New York, 1970). Vgl. auch Clarence C. Goen, *Revivalism and Separatism in New England, 1740—1800. Strict Congregationalists and Separate Baptists in the Great Awakening* (New Haven, Conn., 1962) und William G. McLoughlin, *New England Dissent, 1630—1833: The Baptists and the Separation of Church and State,* 2 vols. (Cambridge, Mass., 1971). Über die Predigten dieser Bewegung, u. a. von Edwards und seinem Gegner Charles Chauncey, vgl. Eugene E. White, *Puritan Rhetoric: The Issue of Emotion in Religion* (Chicago, 1971).

Die Bedeutung des Puritanismus für die Entstehung der modernen Welt und speziell für die amerikanische Lebensform und die amerikanische Demokratie ist auf verschiedenen Gebieten der Geschichte, Staatslehre, Religion, des Rechts und der Wirtschaft in Einzel- und Gesamtdarstellungen verfolgt worden.[249] Eine besondere Auslegung fand diese Bedeutung in Max WEBERS berühmtem Aufsatz ›Die protestantische Ethik und der Geist des Kapitalismus‹, zuerst erschienen im ›Archiv für Sozialwissenschaft und Sozialpolitik‹ 1904/5 und weiteren verwandten Arbeiten.

Mit der Literatur der amerikanischen Puritaner, oder der Puritaner überhaupt, hat dieser Aufsatz allerdings wenig zu tun. WEBER zitiert eingangs Benjamin FRANKLIN, und er stützt sich auf Zitate CALVINS und des englischen Puritaners Richard BAXTER. Er ist mit Recht dafür kritisiert worden, daß seine Kenntnis der calvinistischen Schriften gering ist und daß er vieles, was allgemein christlich oder allgemein protestantisch ist, für spezifisch calvinistisch hält.[250]

WEBER sah eine innere Verbindung zwischen den Prinzipien des „asketischen Protestantismus" — so bezeichnet er die von CALVIN beeinflußten Gruppen der Puritaner, Quäker, Methodisten, Pietisten — und dem, was er den „Geist des Kapitalismus" nannte, d. h. mit den Prinzipien eines wirtschaftlichen Rationalismus, der Gelderwerb nicht zur Befriedigung von ausschweifenden Bedürfnissen, sondern als Zweck des Lebens ansah. Dieser „Geist des Kapitalismus" sei *vor* der kapitalistischen Entwicklung dagewesen, sei also nicht im MARXschen Sinne der „Überbau" einer ökonomischen Situation. Seine Voraussetzungen seien in der neuen protestantischen Auffassung vom „Beruf" und

---

[249] Vgl. hierzu J. B. Clifford K. Shipton, Puritanism and Modern Democracy, *New England Hist. and Genealog. Register* 101 (1947) 181—198; Max Savelle, *Seeds of Liberty: The Genesis of the American Mind* (New York, 1948).

[250] Dazu u. a. Winthrop S. Hudson, Puritanism and the Spirit of Capitalism, *CH* 18 (1949) 3—17.

von der „innerweltlichen Askese" sowie in den Grundprinzipien des Calvinismus zu sehen.

Diese These hat sich insofern als äußerst anregend und fruchtbar erwiesen, als sie die Spezialisten der angesprochenen Fachrichtungen zu Auseinandersetzungen herausforderte, die bis heute andauern. WEBERS Feststellungen sind von Historikern, Theologen und Wirtschaftshistorikern nachgeprüft und angegriffen worden, denn es hat sich herausgestellt, daß sie in vieler Hinsicht fragwürdig oder sogar unrichtig waren, jedenfalls aber auf unzureichender Prüfung beruhten. Forscher haben darauf hingewiesen, daß CALVINS Lehren finanzielle Unternehmungen keineswegs begünstigten, daß auch die protestantische Auffassung von „Beruf" (calling), auf die WEBER seine These stützt, mit Gelderwerb sehr wenig zu tun hat und daß die kapitalistische Entwicklung in den erfolgreichen Wirtschaftsmächten Holland und England durchaus nicht den Calvinisten oder dem Calvinismus zuzuschreiben ist, während andererseits calvinistische Staaten wie Schottland oder zu bestimmter Zeit Ungarn keineswegs einen wirtschaftlichen Aufschwung verzeichneten.[251]

Man wird WEBERS These wohl am besten gerecht, wenn man sie, wie Ephraim FISCHOFF, ›The Protestant Ethic and the Spirit of Capitalism: the History of a Controversy‹, in: ›Social Research‹ 11 (1944) 61—77, vornehmlich im Rahmen von WEBERS Intentionen sieht, in der rationalen, antitraditionellen modernen Welt für die allgemein akzeptierten Prinzipien eine Legitimation durch religiöse Überzeugungen zu erkennen. WEBER war sich durchaus über das Vorläufige seines Ansatzes klar; dies jedoch gab den Kritikern die Möglichkeit zur Berichtigung oder Ablehnung, lieferte andererseits aber auch viele fruchtbare Ansätze für die Diskussion.[252]

[251] Ähnliche Gedankengänge wie Weber, allerdings in mehr empirischer Weise, hat Richard H. Tawney, *Religion and the Rise of Capitalism* (New York, 1926; Paperback 1952) vor allem für England und Neuengland im späteren 17. Jh. verfolgt.

[252] Es ist hier unmöglich und auch nicht angezeigt, einen Überblick über die in vielen Aufsätzen und Büchern ausgetragene Kontroverse

In ähnlich provozierender Weise sind die Puritaner neuerdings von Michael WALZER, ›The Revolution of the Saints. A Study in the Origins of Radical Politics‹ (Cambridge, Mass., 1965) als

mit Weber zu geben. Einige Werke wie Lujo Brentano, *Die Anfänge des modernen Kapitalismus* (München, 1916) und J. Hashagen, Kalvinismus und Kapitalismus am Rhein, *Schmollers Jahrbuch* 47 (1924) 49—72 gehören in die frühe Zeit. Einen Überblick über die Kontroverse bietet *Protestantism and Capitalism. The Weber Thesis and Its Critics*, ed. with introd. Robert W. Green, *Problems in European Civilization* (Boston, 1959; 1965). Neuere Auseinandersetzungen mit Weber liefern Charles H. and Katherine George, *The Protestant Mind of the English Reformation, 1570—1640* (Princeton, N. J., 1961) und David Little, *Religion, Order and Law. A Study in Pre-Revolutionary England* (New York, 1969). Little gibt S. 226—249 einen bibliographischen Essay über die Literatur zu Weber. Gabriel Kolko, Max Weber on America: Theory and Evidence, *Studies in the Philosophy of History*, ed. George N. Nadel (New York, 1965) 180—197 findet im frühen Amerika keine Bestätigung für Webers These. Ähnlich auch Rex A. Lucas, A Specification of the Weber Thesis: Plymouth Colony, *Hist. T.* 10 (1971) 318—346. Vgl. auch Bernard Bailyn, *The New England Merchants in the Seventeenth Century* (Cambridge, Mass., 1955) und Karl H. Hertz, Max Weber and American Puritanism, *Journal for the Scient. Study of Rel.* 1 (1962) 189—197. Zur neueren europäischen Kontroverse um die Weber These vgl. Herbert Luthy, Calvinism et Capitalism, *Preuves* (Juillet, 1964) 3—22, fortgesetzt ebenda (September, 1964) 85—92. In: Religion, the Reformation and Social Change, *The Crisis of the Seventeenth Century. Religion, the Reformation and Social Change* (New York, Evanston, 1968) prüft H. R. Trevor-Roper die religiösen Bindungen der führenden Finanzleute des 16. und 17. Jahrhunderts nach und führt ebenso wie Luthy eine kritische Auseinandersetzung mit Weber durch. In Wolfgang J. Mommsen, Neue Max Weber Literatur, *HZ* 211 (1970) 616—630, wird u. a. Günter Abramowski; *Das Geschichtsbild Max Webers* (Stuttgart, 1966) und seine Stellung zur Kapitalismusthese besprochen. *Max Weber. Die protestantische Ethik II. Kritiken und Antikritiken*, hrsg. von Johannes Winkelmann, *Siebenstern-Taschenbuch 119/120* (Hamburg, ²1972) bringt Aufsätze und eine umfangreiche Bibliographie.

die ersten der modernen Revolutionäre verstanden worden. Auch hier ist zu erwarten, daß sich eine Diskussion anschließen wird.[253]

---

[253] Vgl. die kritische Besprechung von John F. H. New, *WMQ* 24 (1967) 478—479. Walzer hat seine Gedanken in: The Puritans as Revolutionaries, *Intellectual History in America*, ed. Cushing Strout, 2 vols. (New York, 1968) vol. 1, 1—20, fortgesetzt.

SACHREGISTER

American Antiquarian Society 5. 20
American Studies 2
Antinomiker, *Antinomianism* 7. 47. 54. 61 f.
Arminianismus 46

Biographie 5. 28. 32. 53. 55 f. 70. 82. 89 f.
Bundestheologie, Bundestheologen (siehe auch *covenant*) 14. 46. 92

Calvinismus, Calvinisten, calvinistisch 1. 14. 23. 43. 91. 97 ff.
Cambridge Platonists 83
Captivity Narratives 41 f.
Colonial Society of Massachusetts 5. 20
Connecticut Historical Society 55
Covenant 14 f. 37. *46—49.* 52. 91. 96; *Half-way Covenant* 49

Dichter, barocke 83
Dichtung 16. 27 f. 35. 40. *74—87*

Eiszeit, puritanische 6
Election sermons 52
Elegie 74. 79
Emblemliteratur 86 f.
Enthusiasm 47
Erbsünde 13. 46

Erziehung, Bildung 25. 30. 44. 76

Familie 17. 33. 36. 44. 76
Fortschrittsglaube 6. 11
Founding Fathers (Gründungsväter) 4 f. 10. 43

Great Awakening (Erweckungsbewegung) 87—94. *96*

Harvard 5. 9 ff. 22. 30. 72. 79
Heresie 47 f.
Hexenwahn, Hexenprozesse 15. *64—67*. 72 f.
Humanismus, humanistisch 13. 29 f.

Ikonoklasmus 6
Impfstreit 73
Indianer 26. 41 f. 56. 69
Intoleranz, religiöse 3 f. 6 f. 9. 58. 60

Jeremiaden 14 f. 52

Kapitalismus 97 ff.
King Philip's War 42
Kongregationalismus, Kongregationalisten, kongregationalistisch 7. 12. 19. 45. 47 ff. 54. 56. 62. 96

Magdeburger Zenturien 28 f.
Massachusetts Historical Society 5 f. 19 f. 36
Meditation, -en 16. 27. 74. 77 f. 79—87
Metaphysische Dichter 83
Methodisten 97

Narrangansett Club 20
Naturrecht 9. 30. 62

Pietismus, Pietisten, deutsche 29. 44. 72. 97
Pilgrim Fathers 12. 21. 31. 33. 35
Plain style 34. 51
Plymouth colony 33. 44. 47. 99
Politik, politische Ideen 9. 11. 23. 37 f. 43 f. 57 f. 60. 62. 96. 99
Protestantismus, europäischer, protestantisch 1. 4. 13. 22. 27. 28 f. 43 ff. 51. 58. 60. 72. 84. 97 ff.
Providence, -s 34. 39 f. 46 f. 69. 74
Psychoanalyse, psychologisch 32. 48. 61. 64. 66 f.

Quäker 59. 72. 97

Rechtsordnung 29. 41. 44. 47. 56. 60. 66
Reformation, reformiert 13. 23. 28 f. 43 f. 49. 73. 99

Renaissance 13. 24. 32
Revolution, amerikanische 94 ff.
Royal Society 69. 73

Satire, satirisch 41. 59 f.
Scholastik 13. 26
Separatisten, separatistisch 12. 33. 47. 59. 96
Staat, Gesellschaft 43 ff. 49. 52. 57. 62. 96 f.
Stoddardeanism 50
Symbolismus, symbolisch 40. 43. 50

Tagebücher 2. 26. 28. 30. 35 f. 40. 63 *f*. 68 f. 78. 82. 89
Theokratie, theokratisch 7. 38. 93
Toleranz, religiöse 11. 57 ff. 60 (siehe auch: Intoleranz)
Typologie 25 f. 35. 39. *50 f*. 59. 63 f. 71. 84. 87. 91

Unabhängigkeit, amerikanische 4 f. 17. 33 f. 62

Westminster, Synode von 47. 49
Wildnis 26 f. 32
Wirtschaft, wirtschaftlich 8 ff. 11. 23. 37. 43. 44. 65. 97 ff.

Yale 16. 79 f. 88 f.

Zweite Erweckungsbewegung 96

NAMENREGISTER

Die Namen der Primärliteratur, d. h. die in diesem Forschungsbericht diskutierten Puritaner sowie andere historische und biblische Personen, sind kursiv gesetzt; sie werden auf diese Weise von den Autoren der zitierten Sekundärliteratur unterschieden. Bei den Autoren der Primärliteratur zeigen die kursiv gesetzten Zahlen den Ort der eigentlichen Besprechung. Die angegebenen Zahlen bezeichnen die Seite einschließlich der auf der Seite befindlichen Anmerkungen.

Abraham 46. 49
Abramowski, Günter 99
Adam 54
Adams, Brooks 5. 7
Adams, Charles Francis 5 ff. 8. 11. 37. 40 f. 61
Adams, Henry 5
Adams, James T. 6. 8 f. 10. 11
Adams, Thomas R. 18
Ahlstrom, Sidney E. 54
Akers, Charles W. 95
Albro, John A. 53
Aldridge, Alfred Owen 91
Alexis, Gerhard T. 86. 93
Allen, Alexander V. G. 91
Allen, J. W. 23
Alsted, Johannes 14
Ames, William 28. 44 f.
Anderson, Wallace E. 93
Andrews, Charles M. 19. 22
Andrews, William D. 71
Arminius, Jacobus 46
Arner, Robert D. 41. 60. 86
Augur, Helen 60

Augustinus 13
Austin, Samuel 88
Axtell, James 26

Bacon, Leonard 8
Bailyn, Bernard 44. 99
Baldwin, Alice M. 95
Ball, Kenneth R. 85
Bancroft, George 4
Banks, Charles E. 41
Barbeau, Marius 42
Baritz, Loren 37
Battis, Emery 61 f.
Baumgartner, Paul R. 92
Baxter, Richard 97
Beale, Otho T. 73
Beard, Charles A. 8
Benton, Robert M. 81
Benz, Ernst 71 f.
Beranger, Jean 60
Bercovitch, Sacvan 14. 26. 35. 39. 50 f. 52. 59. 70 f. 87
Berryman, John 77
Bizer, Ernst 23

Black, Mindele 84
Blake, Kathleen 84
Blanck, Jacob 18
Blau, Herbert 83
Boas, Ralph und Louise 70
Bohi, Janette 60
Boorstin, Daniel J. 26
Bottorff, William K. 68
Bradford, Alden 95
Bradford, Eugene F. 34
Bradford, William 7. 32. 33 ff. 40
Bradstreet, Anne 76 ff.
Bradstreet, Simon 76
Breen, T. H. 38
Brentano, Lujo 99
Bridenbaugh, Carl 26
Bristol, Roger P. 18
Brockunier, Samuel H. 57
Brown, B. Katherine 38
Brown, John 33
Brown, Wallace Cable 83
Brumm, Ursula 39. 50. 71. 84. 86 f. 91
Bucer, Martin 28. 44
Buchanan, John G. 52
Bullinger, Johann Heinrich 28
Burg, B. Richard 68
Burr, George Lincoln 65
Burr, Nelson R. 19
Burrage, Henry S. 57
Bush, Sargent 85
Bushman, Richard L. 93
Byington, Ezra H. 57

Cabibbo, Paola 42
Cady, Edwin H. 92
Calamandrei, Mauro 58
Calder, Isabel M. 56

Calef, Robert 66 f.
Calvin, John 28. 48. 97 f.
Carleton, Phillips D. 42
Carlisle, E. F. 87
Carpenter, Edmund J. 57
Carroll, Peter N. 26
Carse, James 90. 92
Caulfield, Ernest 67
Chamberlain, N. H. 63
Chauncey, Charles 8. 96
Cheever, George B. 35
Cherry, Conrad 91 f.
Chupack, Henry 58
Cicero 30
Clare, Sister M. Teresa 86
Clark, John 41
Clendenning, John 85
Colacurcio, Michael 85
Cole, M. D. 18
Coleridge, Samuel Taylor 79
Combellack, C. R. B. 86
Connors, Donald F. 41
Cook, George Allen 62
Cotton, John 7. 38. 49. 51. 53 f. 55 f. 59. 61. 69. 75
Covey, Cyclone 57
Cowing, Cedric B. 94
Crabtree, Arthur B. 91
Craven, Wesley Frank 4
Crouse, Nellis M. 9
Crowder, Richard 79
Curtis, Edith 60

Davenport, Frances 19
Davidson, Edward H. 92
Davis, Andrew M. 53 f.
Davis, Thomas M. 81. 84
Davis, Virginia 81
Davis, William T. 34

Dean, John Ward 60
Delattre, Roland 92
Demos, John 44. 67. 69
Dexter, Henry Martyn 7. 19. 29. 33. 35. 45. 57
Dexter, Morton 33
Dorenkamp, J. H. 75
Dorfman, Joseph 23
Dow, George Francis 44
Doyle, John A. 34
Drake, Samuel G. 65. 69
Du Bartas, Guillaume 76
Dudley, Thomas 74. 76
Dunn, Richard S. 17. 32. 36
Duyckinck, Evert Augustus und George Long 75
Dykema, Karl W. 63
Dwight, Sereno E. 88. 89

Eames, Wilberforce 18. 56
Easton, Emily 57
Edwards, Jonathan 8. 32. 50. 87—94. 95 f.
Eliot, John 8. 56 f.
Elizabeth I 43
Elkins, Mary Jane 81
Ellis, George 61
Ellis, John Harvard 77
Elton, Romeo 57
Elwood, Douglas 91
Emerson, Everett H. 48. 54. 55. 56. 71. 88. 89
Emerson, Ralph Waldo 50. 84. 91. 95
Endicott, John 40
Ernst, James E. 57
Etulein, Richard W. 55
Eusden, John D. 45
Evans, Charles 18. 21

Faulkner, William 50
Faust, Clarence H. 88 f. 93. 95
Feinstein, Howard M. 48
Fender, Stephen 84
Fischoff, Ephraim 98
Forbes, Harriette M. 63
Force, Peter 21
Ford, Paul Leicester 30
Ford, Worthington C. 30. 56. 69
Foster, Frank Hugh 45
Foster, Stephen 44
Fox, George 59
Foxe, John 28 f.
Francke, August Hermann 71 f.
Francke, Kuno 72
Frankena, William K. 89
Franklin, Benjamin 68. 73. 97
Franklin V, Benjamin 68
Franklin, Phyllis 69. 73
Frederick, John T. 54
Freiberg, Malcolm 36
Freund, Michael 59

Galinsky, Hans 34. 76
Gallegher, Edward J. 39
Gaustad, Edwin S. 93. 96
Garret, John 58
Gay, Peter 31 f. 90 f.
Gefvert, Constance J. 81
George, Charles H. 44. 99
George, Katherine 44. 99
Gerstner, John H. 91
Giovanni, G. 85
Goen, Clarence C. 88. 93. 96
Grabo, Norman S. 25. 34. 51. 56. 75, 79 ff. 82. 86
Gray, Stanley 37
Green, Robert W. 99
Greenough, Chester N. 70

Griffin, Edward M. 86
Griffith, Clark 86
Gummere, Richard M. 29. 63. 79

Habegger, Alfred 54. 56
Halbert, Cecelia L. 84 (= Tichi, Cecelia)
Hall, David D. 2. 17. 37. 61 f.
Hall, Mary H. 57
Hall, M. G. 69
Haller, William 23. 28
Hamer, Philip 19
Hansen, Chadwick 66 f.
Hansen, Marcus L. 23
Haraszti, Zoltán 73. 75
Haroutunian, Joseph 93
Hashagen, J. 99
Haskins, George Lee 47
Hastings, James 22
Hawthorne, Nathaniel 40. 50. 67. 95
Heath, Dwight B. 35
Hedberg, Johannes 84
Heimert, Alan 26. 94. 96
Hensley, Jeannine 77
Henson, Robert 74
Heppe, Heinrich 23
Hertz, Karl H. 99
Hickman, E. 88
Hirsch, Elizabeth Feist 59
Hoffman, Frederick J. 8
Holbrook, Clyde A. 88. 93
Holden, William P. 41
Hole, David D. 56
Holifield, E. Brooks 50
Hollinger, David A. 16
Holmes, Thomas James 68 f. 70 ff.

Hooker, Thomas 9. 49. 53. *54 f.* 84
Hopkins, Samuel 8. 89 f. 95
Hornberger, Theodore 73. 93
Horton, Douglas 45. 49
Hosmer, James K. 36
Houghton, Donald E. 9
Howard, Alan B. 34. 87
Howard, Cecil H. C. 63
Howard, Leon 89
Howland, Arthur C. 66
Hubbard, William 40
Hudson, Winthrop S. 11. 97
Hutchinson, Anne 47. 55 f. *60 ff.*
Hutchinson, Ellen M. 21. 76
Hutchinson, Thomas 20 f. 22. 55

Illick III, Joseph E. 91
Isani, Mukhtar Ali 72
Ives, J. Moss 58

Jackson, Samuel Macauley 22
Jameson, John Franklin 32. 39
Jamison, A. Leland 19. 96
Jantz, Harold S. 29. 75. 83
Jefferson, Thomas 9. 57
Johnson, Alfred 38 f.
Johnson, Allan 22
Johnson, Edward 38 f. 47. 74
Johnson, Thomas H. 2. 16. 19. 21. 31. 74 f. 77. 79 f. 82. 88 f. 92
Johnston, Jr., Thomas E. 62. 72. 86
Jones, Matt B. 78
Jordan, Raymond J. 86
Junkins, Donald 81. 85 ff.

Kaiser, Leo M. 76

Keayne, Robert 43 f.
Keckermann, Bartholomäus 14
Keller, Karl 84. 86 f.
Kittredge, George L. 66. 73
Knappen, Marshall M. 23
Knight, Sarah Kemble 64
Knowles, James D. 57
Kolko, Gabriel 99
Kraus, Michael 32

Lang, Erdmute 86
Lang, Karl 44
Laud, William, Erzbischof 53
Laughlin, Rosemary M. 78
Laurentia, Sister M. 86
Lawson, Deodat 65
Lea, Henry Charles 66
Leary, Lewis 19
Lechford, Thomas 41
Lemay, J. A. Leo 18. 74 f.
Levin, David 32. 66 f. 70 f. 90
Levy, Babette May 51
Lincoln, Earl of 76
Lind, Sidney E. 83
Link, Franz H. 85
Little, David 99
Locke, John 92
Lowance, Mason I. 50. 71
Lowenherz, Robert J. 59
Lucas, Rex A. 99
Ludwig, Richard M. 19
Luther, Martin 28
Luthy, Herbert 99

McElroy, Paul Simpson 62
McGiffert, Arthur C. 22. 91
McGiffert, Michael 17. 26. 53
Maclear, James 17
McLoughlin, William G. 94. 96

McMahon, Helen 76
McNamara, Anne Marie 86
McNeill, John T. 23
Major, Minor W. 35
Malone, Dumas 22
Manierre II, William R. 69 f. 72. 85
Margolies, Alan 64
Marsden, George M. 16
Martz, Louis L. 80. 83 f.
Marx, Karl 97
Mather, Cotton 32. 39. 50. 53. 55 ff. 66 ff. *69—73. 74*
Mather, Increase 8. 10. 67. *68 f.*
Mather, Richard 8. *67 f.* 75
Mather, Samuel 50
Mathers 62. *67—73*
Matthews, William 63
Matthiessen, Francis O. 79
Mayhew, Jonathan 95
Mayo, Lawrence S. 21
Mead, Edwin D. 54. 56
Mead, Sidney E. 94
Melanchton, Philipp 28
Melville, Herman 50. 95
Mencken, H. L. 8
Meserole, Harrison T. 76
Middlekauff, Robert 68
Mignon, Charles W. 85. 87
Miller, Arthur 67
Miller, Perry 2. 7. 9. *11—17*, 19. 21. 29. 31. 37. 48 ff. 52. 54. 58 f. 61 f. 70 f. 74 f. 77. 79. 89 ff. 92. 96
Milton, John 74
Minter, David 52
Mitchell, W. Fraser 51
Møller, Jens 48
Mommsen, Wolfgang J. 99

Monteiro, George 86
Mooney, James E. 18
Moore, Jr., Le Roy 59
Morgan, Edmund S. 8. 12. 25. 30. 37 f. 44. 48 f. 58. 60 f. 78. 94. 96
Morison, Samuel Eliot 10 f. 30. 34. 37. 53. 57. 60. 70. 77. 79.
Morris, Richard B. 23. 61
Morton, Nathaniel 40
Morton, Thomas 4. 35. 40 f.
Murdock, Kenneth B. 10. 11. 19. 28. 32. 68. 70 ff. 75. 78
Murphy, Francis 82

Nettels, Curtis P. 23
New, John F. H. 45. 100
Newton, Sir Isaac 73
Nichols, James H. 90
Nicolaisen, Peter 84
Niebuhr, Richard 37
Noah 46
Norton, John 49. 55. 77
Notestein, Wallace 29

Oakes, Urian 74
Oesterreich, Gerhard 37
Ogle, R. 88
Ong, S. J., Walter J. 14
Osgood, Herbert L. 22

Palfrey, John Gorham 4 f. 22
Parkes, Henry Bamford 59. 90
Parrington, Vernon L. 9. 54. 57
Parsons, Edward 88
Paulus 50
Pearce, Roy Harvey 21. 42. 63. 83

Pease, Jane H. 45
Peckham, Howard H. 42
Peden, William 69
Pelagius 46
Penner, Allen R. 86
Perkins, William 28
Pettit, Norman 48. 61
Pierce, David C. 92
Piercy, Josephine 26. 71. 77 f.
Plooij, Daniel 33
Plumstead, Arthur W. 52
Pochmann, Henry A. 29
Polishook, Irwin H. 59
Poole, William F. 39. 66
Pope, Robert G. 49
Prince, Thomas 40
Prosser, Evan 86
Pufendorf, Samuel 62 f.
Pulsifer, David 59

Quincy, Josiah 11
Quinn, Arthur Hobson 19. 28

Ramsay, Paul 88
Ramus, Petrus 14
Raymer, Robert C. 37
Reinitz, Richard 59
Reiter, Robert 84
Reuter, Karl 44
Rich, Adrienne 77
Richardson, Caroline Francis 51
Richardson, Robert D. 78
Robbins, Thomas 70
Rogers, John 77
Rosenfeld, Alvin H. 78
Rosenmeier, Jesper 35. 54. 59
Rossiter, Clinton 54. 58. 62
Rothstein, Eric 52
Rowlandson, Mrs. Mary 42

Rugg, Winifred King 60
Rupp, George 93
Russell, Gene 85. 86
Rutman, Darrett B. 37. 41. 44. 96

Sabin, Joseph 18
Santayana, George 95
Savage, James 22. 36
Savelle, Max 97
Schafer, Thomas A. 88 f. 93
Scheick, William 68
Schirmer, Walter 24
Schneider, Herbert W. 23
Schulze, Fritz W. 85
Secor, Robert 86
Seidman, Aaron B. 38
Sensabaugh, George F. 26
Sewall, Samuel 63 f.
Sewall, Samuel 38
Shakespeare, William 76
Shea, Daniel B. 63. 92
Shepard, Emmy 82
Shepard, Thomas 53 f. 74
Shipton, Clifford K. 6. 18. 97
Shyrock, Richard H. 73
Shurtleff, Nathaniel B. 21
Sibley, John L. 5. 22
Sidney, Sir Philip 77
Silverman, Kenneth 72. 76
Simpson, Alan 2. 29. 58
Skelton, Samuel 56
Smend, Rudolf 63
Smith, Bradford 33
Smith, Chard Powers 64
Smith, Claude A. 93
Smith, James Ward 19. 96
Smith, John E. 88. 90
Smyth, Egbert S. 92 f.

Spiller, Robert E. 27 f.
Spini, Giorgio 31
Sponseller, Edwin 89
Sprunger, Keith L. 14
Stanford, Ann 77
Stanford, Donald E. 79. 80 ff. 84
Stark, L. M. 18
Starkey, Marion L. 48. 66 f.
Stedman, Edmund C. 21. 76
Stein, Stephen J. 89
Stephens, Robert O. 64
Sterne, Richard Clarke 40
Stewart, Randall 95
Stoddard, Roger E. 75
Storkey, Lawrence 69
Stowe, Harriet Beecher 95
Strange, Arthur 79
Straus, Oscar S. 57
Suter, Rufus 93
Sweet, William Warren 23
Swift, Lindsay 52

Tawney, Richard H. 98
Taylor, Edward 16. 50 ff. 76. 79—87
Thomas, Jean L. 85
Thompson, W. Lawrence 63
Thornton, J. W. 95
Thorpe, Peter 64. 86
Thukydides 30
Tichi, Cecelia 63 (= Halbert, Cecelia)
Titus, Anson 64
Tomas, Vincent 90
Toon, Peter 52 f.
Townsend, Harvey G. 93
Trefz, Edward K. 33. 52
Trevor-Roper, H. R. 99

Trinterud, Leonard J. 28. 48
Trumbull, H. Hammond 41
Turnbull, Ralph G. 91
Tuttle, Julius H. 56. 68
Tuveson, Ernest Lee 53
Tyler, Moses C. 9. 27. 39. 53. 74 f. 77

Upham, Charles W. *65 f.*

Vail, Robert W. 18
Vanderbeets, Richard 42
Van Doren, Mark 64
Vaughan, Alden T. 21. 26. 41
Voegelin, Erich 24

Walker, G. L. 54
Walker, Williston 7 f. 29. 45. 47. 57. 90
Walz, John A. 69
Walzer, Michael 99 f.
Ward, Nathaniel 59 f. 77
Ware, Horace E. 38
Warren, Austin 70. 76. 83
Waters, Willard O. 18
Watters, Reginald E. 70
Weathers, Willie T. 83
Weber, Alfred 80
Weber, Max *97—99*
Weeks III, Louis 72
Wegelin, Oscar 75
Welzel, Hans 62 f.
Wendell, Barrett 27. 70
Werge, Thomas 84
Werking, Richard H. 73
Wertenbaker, Thomas J. 38

Wheelwright, John 61
White, Elizabeth Wade 77 f.
White, Eugene E. 71. 96
White, Helen C. 51
Whiting, Samuel 55
Whittemore, Robert C. 91
Wigglesworth, Michael 76. 78 f.
Willard, Samuel 52. 65
Williams, Edward 88
Williams, Roger 4. 9. 20. 50 f. 55 f. *57 ff.* 60
Willison, George F. 33
Winkelmann, Johannes 99
Winship, George P. 64
Winslow, Ola E. 47. 57. 63. 90
Winsor, Justin 34. 65
Winthrop, John 36 ff. 40. 44. 56. 61
Winthrop, Robert C. 6. 37
Wise, Gene 16
Wise, John 62 f.
Wish, Harvey 64
Woodress, James 20
Woods, Leonard 8
Woodward, William E. 65
Woody, Kennerly M. 71
Wright, Nathalia 83
Wright, Thomas G. 30

Young, Alexander 21. 35. 53. 55

Zall, P. M. 59
Ziff, Larzer 25. 55 f.
Zolla, Elémire 54
Zwingli, Huldreich 28